厚大®法考 Judicial Examination

2023 年国家法律职业资格考试

精 讲

方法引领·素材集萃·真题带练

理论法

主观题宝典

Basic Theory of Legal Science

白 斌◎编著

厚大出品

中国政法大学出版社

2023厚大在线学习群专享

法考讯息速递 ❯ 01
节点提醒，考情分析，关键信息整合

备考策略分享 ❯ 02
备考方法，科目攻略，复习方案规划

专属内部资料 ❯ 03
思维导图，阶段讲义，每日干货分享

专场直播分享 ❯ 04
热点评析，干货讲座，资料直播解读

好课即速获取 ❯ 05
超值课程，专属优惠，尽揽一手信息

扫码回复"学习群"
即可加入 _____

第 **1** 章

··· 理论法主观题概述 ···

2023 年国家统一法律职业资格考试的主观题试卷为一卷，包括案例分析题、法律文书题、论述题等题型，分值为 180 分，答题时长 240 分钟。具体考查科目包括习近平法治思想、法理学、宪法、刑法、刑事诉讼法、民法、商法、民事诉讼法（含仲裁制度）、行政法与行政诉讼法、司法制度和法律职业道德，涉及理论法的科目有四个，即习近平法治思想、法理学、宪法、司法制度和法律职业道德。

根据 2018~2022 年主观题考查的经验，主观卷共 6 道题，其中，第五题商经法和第六题行政法由考生自由选择一道作答。涉及理论法的是第一道题，为论述题，35 分左右（曾经有出现 32 分和 38 分的情况），所考查的内容是法考中的政治课的相关知识点：2020 年以前考查的是中国特色社会主义法治理论，2021 年开始考查习近平法治思想。质言之，对于 2023 年国家统一法律职业资格考试主观卷而言，"习近平法治思想"的考查势所必然。

我们可以把自 2015 年以来理论法主观论述题的考查内容罗列如下：

○ 2015 年考查"根据材料，结合全面推进依法治国的总目标，从立法、执法、司法三个环节谈谈建设社会主义法治国家的意义和基本要求"。

○ 2016 年考查"根据材料，结合依宪治国、依宪执政的总体要求，谈谈法律面前人人平等的原则对于推进严格司法的意义"。

○ 2017 年考查"请根据材料，结合自己对中华法文化中'天理、国法、人情'的理解，谈谈在现实社会的司法、执法实践中，一些影响性裁判、处罚决定公布后，有的深获广大公众认同，取得良好社会效果，有的则与社会公众较普遍的认识有相当距离，甚至截然相反判断的原因和看法"。

○ 2018 年考查"结合自己的实际工作和学习，谈谈坚定不移走中国特色社会主义法治道路的核心要义"。

○ 2019 年考查"结合你对党和国家机构改革的认识,谈谈法治政府建设在全面依法治国中的重要意义以及新时代法治政府建设的根本遵循"。

○ 2020 年全国卷考查"结合疫情防控,谈谈法治在推进国家治理体系和治理能力现代化中的积极作用";新疆延考区试卷考查"结合《民法典》的颁布,谈谈你对建设中国特色社会主义法治体系的认识"。

○ 2021 年全国卷考查的是"习近平法治思想的核心要义——十一个坚持";延考卷分别考查了"以人民为中心"和"建设德才兼备的高素质法治工作队伍"。

○ 2022 年考查"结合习近平法治思想,谈谈改革重构司法权力配置和运行机制的重大成就和意义"。

接下来,习近平法治思想的其他考点,比如"坚持党对全面依法治国的领导""坚持中国特色社会主义法治道路""坚持依宪治国、依宪执政""坚持依法治国、依法执政、依法行政共同推进,法治国家、法治政府、法治社会一体建设""坚持全面推进科学立法、严格执法、公正司法、全民守法""坚持统筹推进国内法治和涉外法治""坚持抓住领导干部这个'关键少数'""依法治网""依法治军""建设法治社会""以法治的方式推进中国式现代化建设"等论题都将一一成为法考主观题复习的重要内容。此类问题的作答并不困难,考生只需要适当背诵教材内容,并结合题目给出的材料,按照特定的逻辑顺序写出观点,有理有据即可。

不论是面对哪类论述题,考生最为重要的任务是摆脱恐惧感,进而按照一定的思路,而不是按照千篇一律的模板去展开自己的论述。考生必须深切地认识到,论述题不是简答题,其涉及的往往是开放性问题,因此没有绝对的标准答案、统一答案。考生大可不必过分在意自己的论述是否与参考答案完全一致,只要做到主旨鲜明、分析充分、观点中正平和、论述有理有据,能够自圆其说即可。

第**2**章

··· **理论法论述题作答的注意点** ···

2023 年法考主观卷的考查会以机考为主，辅以部分笔考。考生可根据自身的情况，自由选择机考或者笔考。不过从这几年考生的应考情况来看，无论是答题速度、字数还是卷面的整洁度，选择机考都更为明智，笔考考生相对而言比较吃亏，在作答和得分方面会受到不利影响。因此，原则上还是建议考生选择机考方式。

在注意事项方面，机考和笔考也自然会有些许差别。

一、一般注意事项

总体而言，在解答论述题的过程中，一般需要注意如下七个方面的技术性问题，它们是机考和笔考共同的注意事项：

（一）在宏观战略方面，应当为最后一道题目的作答预留出充分的时间

天下武功，唯快不破。说一千道一万，不论你的知识水平、答题技术有多么高超，如果在答主观卷最后一道题目时已经没有时间了，那么什么理论和技术都是白搭。每年考试结束之后都会有大量考生来找我诉说他们的不幸：最后一道大题根本就没有时间做。有的同学甚至连考查什么内容都没工夫看，铃声就响了。故而，区别于其他老师在解题技术方面大书特书，我一直坚持认为，解答主观卷的王道是为自己预留出充分的时间。事实上，只要你答了这道题，即便答得并不完美，只要满足基本条件，都起码会获得平均分。

因此，考生在解答前面的题目时，切勿恋战，不要在任何一道题目上耗费过多的时间，而是应当速战速决。具体每道题目的时间分配，应当根据每道题的分值平衡确定。以 2021 年主观卷为例，五道题共 180 分，要在 240 分钟内做完，考虑到试题难易分布的情况，预留出半个小时的机动时间，那么正常来说，平均 1 分是 1 分

钟多一点的时间，每道题有最多 10 分钟的浮动空间。由此，第一道 35 分的论述题的作答时间就不应超过 40 分钟，从而保证在后面题目的作答上有充分时间供你使用。

质言之，最重要的是答完所有的题目，而不是答得多么完美！题目没做完，说啥都完蛋。

从篇幅角度来说，论述题一般都有最低字数要求，比如要求相应题目的答案的总字数不少于 600 字。考生作答最基本的就是要符合最低字数要求，否则起分点就会很低。在满足了最低字数要求之后，考生往往认为旁征博引、多多益善，字数越多越好，因为字数太少，会显得理屈词穷、无话可说。但是，在考场上，面对每一道题，由于有答题时间的制约，你往往没有那么多时间来充分展开丰富的思想，因此，一个稳妥的做法是：35 分的题，要求不少于 600 字，那么你在写了 1000 字左右的时候就差不多可以终止行文了。如果你文思泉涌，超过了 1200 字还刹不住车，那就挤压了后面题目宝贵的答题时间。当然，如果你用了 15 分钟就答了 1200 多字，那么没关系，你可以继续，再写 15 分钟，写到 2000 字也没啥问题。也就是说，首先应该关注的是时间，其次才是字数。

（二）理论法的论述题应当首先作答

我经常开玩笑说：在法考的备考过程中，除了殷敏和白斌两位老师外，每个老师都会觉得自己教的科目最重要。这很明显地体现了"皮格马利翁效应"。正因为如此，教学实践中就有很多老师教育学生，上了主观题的考场之后，应当首先做自己所教科目的试题。

那么，考生应当如何安排自己的答题顺序呢？请务必接受我下面的建议：一定要首先答第一题。如此建议并不仅仅因为我是理论法教师，所以王婆卖瓜、自卖自夸，而是基于以下两个理由：

第一，习近平法治思想属于法考中的政治题，相关论述政治性很强，大多来自于党的文件、领导人的讲话，对于考生而言，实在是太过陌生，学习过程也分外痛苦。考生通过强制学习记住的东西其实并不牢固，如果在答完其他题目之后再作答本题，那么在经历了其他题目带来的痛苦之后，原来记住的习近平法治思想的内容可能已经支离破碎、七零八落，没留下多少了。因此，最好的做法是一上考场，就一鼓作气把你肚子里仅有的那点东西竹筒倒豆子般倾泻干净。

第二，从时间方面考虑，第一题是论述题，要求实打实地写出相当的字数，耗时费力。如果放到最后作答，则可能面临时间紧张、字数不够的窘境，一紧张就更编不出来了。如果一开始就作答，则时间可控，先写几段，在限定时间内写不完或者没思路的，大可不必追求一蹴而就，可以放到一边，先答后面的题目，有思路时再补充完善。若最后再答这道题，则基本上失去了补充完善的机会。

（三）论述题应当坚持议论文的文体，避免感情用事

每一道论述题在本质上都是一篇小论文，属于议论文范畴，此点必须谨记。

考生切记不宜写成抒情散文，或者以诗歌的形式行文，过度口语化的表述模式也应当极力避免。

在引用论据证明观点时，自然不宜引用小说、诗歌等文学类素材。

在具体措辞方面，则应避免过度使用华丽的形容词，或者像"啊""啦""吧""吗""呀""哇""哈"之类感情过于充沛的语气词。

标点符号的选择方面，也应尽量配合议论文平和中正的语言风格，多用逗号、句号，少用感叹号、问号、省略号，特别是不宜采取连续使用几个感叹号来加强语气的做法。

综合言之，法律语言整体比较严肃规范，考生应当避免口语化、避免啰嗦，以简洁干练为美。

（四）合理分段，避免"一气呵成"

有的考生意图向阅卷人显示自己"文思泉涌、一气呵成"的气度，在作答论述题的过程中，从头至尾、一段贯之。这很明显是错误的观念。要知道，议论文往往要求有起、承、转、合的行文构造，以多个段落完成整体思想的逻辑推进。因此，无论是从思想脉络还是外观形象上看，考生都应当在答题过程中分段论述。这样一方面显得文章很有层次，内涵很丰富，另一方面也方便考生在就一个角度无话可说的时候适时地转向另一个角度。

正是由于这一点，考生在阅读题干材料、审题完毕之后，正确的做法不是率尔命笔、一挥而就，而是先在答题位置上花 1 分钟左右的时间列一个简单的提纲，就自己接下来先写什么、接着写什么、最后写什么规划一番，在每个枝节旁以罗列关键词的方式简略地记下随时想到的答题思路和要点，并在写作过程中随时补充。

一般来说，建议考生在论述题作答时最少应分为 4 段，最多不要超过 6 段。段落太多，每段内容必然单薄，会显得思想支离破碎，呈现出碎片化的状态，不够厚重，论证不尽充分。另外，应当注意各个段落之间篇幅的大致平衡。如果有的段落 500 字，有的段落 30 字，很明显畸轻畸重，不够美观。正确的做法是：根据平时训练的情况，在走上考场之前就首先预估好就这道题你准备花多长时间、写多少字；在考场上看到题目之后，你应该谋篇布局，想想就这个话题，应该分为几个段落，那么你就能预算出每一段平均下来大概多少字。比如，你能在限定的时间内写 1200 字，看到题目之后你觉得应该分 6 段来写，那么平均下来每段就是 200 字。这样在

写作某段话快要写到 200 字时，你就要提醒自己：差不多了，该想着收尾了。

（五）重点突出，明示采分点

由论述题的特点所决定，相对较长的行文篇幅一方面会使考生本人在作答过程中忘记自己的主旨和重点，陷于浮泛和琐碎；另一方面也会影响到阅卷人对于文章整体结构乃至于论述重点的把握。因此，考生在作答时一定要避免自我中心主义，坚持以阅卷人为中心的答题立场，以方便阅卷人找到重点、采分点为目标展开论述。

具体的策略是：在开篇的第一句、每段的第一句以及全文的最后一句等显著重要的位置，均应由重点语句或核心采分点承担点题功能，确保表述准确、措辞严谨、思路清晰，没有错别字和病句，从而让阅卷人在批改时对于答案的体系框架一目了然。对于全文其他语句，笔考考生可以字迹相对潦草一点，但这些处于战略位置的语句，则务必字迹工整、清晰。相应段落之前用"（1）（2）（3）"或者"首先-其次-再次-最后"的方式标示出重点语句的所在，就内容而言，务必简明扼要、一针见血地给出论点，再详细具体地展开论述。绝对不宜将核心观点隐藏在一大堆琐碎繁复的分析之中，让阅卷人苦寻不得。

（六）适当引用法条、法谚和领导人讲话，体现法学理论素养

在解答论述题的过程中，讨论到某个问题时，如果能够引用相关的实证法法条、法律谚语或者国家领导人的讲话来说明，那么相对于夸夸其谈、空洞乏味的空话、套话，这种表达很明显要胜出许多。比如，在论述秩序价值与正义价值的关系时，可以引用"不正义的秩序好过无秩序"；论述调解与诉讼的关系时，可以引用《民事诉讼法》中关于调解的基本原则的规定、调解的司法确认程序、先行调解制度等。如此做法，一方面体现了考生相对优越的法学理论功底，另一方面也可以让文章变得生动活泼、有魅力。

另外，从近几年考查的情况来看，如果特定论述题要求结合行政法、民事诉讼法、刑事诉讼法、刑法、商法的有关案例和制度来展开论述，这就意味着，在解答的过程中，单纯运用法理学中的原理并不讨巧，反而让人有空洞乏味、夸夸其谈的感觉。所以，一个讨巧的做法是：考生不妨尽量多地运用部门法老师在教学过程中教授的原理和制度来说明问题，这样既有助于确立起相关论述的专业高度，也更容易得到高分。

如果只是这样，那么就涉及某个规范性法文件中特定法条的准确记忆问题，对于绝大部分考生来说都是一项难以完成的任务。但是，因为现在主观题考试会给考生提供法条查询的便利，这一任务变得不再艰难了。然而，要想充分地利用法条，还需要考生在复习备考阶段对相关规范性法律文件的名称、内容以及特定法条的位

置有相当程度的熟悉（并不要求记忆），这样在考场上查找起来就会更加快捷。

（七）平时多加练习，养成合理的答题习惯

解答论述题是可以早做准备的，这一点必须明确。许多考生以临时抱佛脚的心态在临考前浏览下所谓的答题技术和指导方案，胸无成法就仓促上阵，结果自然不会好。由于这些年区分了客观和主观考试，很多人在准备客观题考试时，基本上不会在主观题上花费多少精力，而是要等客观题成绩出来之后，再安心准备主观题。但等到客观题成绩出来，确认通过了，离主观题考试也就剩 1 个月左右的时间。1 个月左右的时间要搞定 7 个科目，真的是焦头烂额。对于理论法论述题的复习而言，由于需要复习的话题非常丰富，要求背诵和记忆的内容也可谓海量，如此短的时间，考生必定痛苦不堪。

因此，一种健康的方法就是长期准备，而不是在临考前仓促应战。对于理论法的论述题，首先要留出三四个月的复习时间，平时多做模拟练习，锻炼自己面对各种各样话题时的临场感觉、应战状态，背诵一些重点话题的经典表述、论述方法，并养成一定的解题思路和习惯，这样在真正的考场上才会成竹在胸、游刃有余。本书在之后的各章节均提供了若干值得参考的练习题，建议考生在考前每天坚持做一道题，记录自己的答题时间，提升自己的写字（或者打字）速度，笔考考生还应注意提升自己字迹的工整程度和卷面的整洁程度。

二、笔考考生的两点特别注意事项

（一）务必注意定位答题

如果考生选择的是机考答卷，则一般不会出现答错位置的情况，但是对于参加笔考的考生而言，每年都会有一定数量的考生因未能定位答题，导致分数损失。法考主观卷的答题纸为每道题都指定了相应的答题位置，基于阅卷过程电子化的现实考虑，请考生务必在答题时将答案写在指定的答题位置上，以避免阅卷人因为没有找到答案而误以为考生没有作答，由此给出 0 分。

另外，有一个与此相关的建议，笔考考生作答的内容不应超出指定的答题范围。在实战中比较常见的情形是，有的考生下笔有如神助、酣畅淋漓、一发不可收拾，一开始写就收不住笔，写满了指定答题位置之后还没有结尾，索性一鼓作气写到了下一道题的预留位置。这种做法对得分来说同样是不利的，请笔考考生务必小心。

（二）保持卷面整洁，避免涂画删改

就论述题而言，由于要求的字数较多，所以选择笔考的考生在写作过程中出现笔误、错别字或者论述偏差甚至严重跑题的情况其实都非常正常。重点是，在出现

了上述错误或者类似的情形之后，考生一般情况下不应大段涂改增删，以保持卷面整洁有序。从笔者的经验来看，卷面的整洁实际上比内容的深刻理性更为重要。在发现自己跑题或者出现论述偏差之后，最佳的做法是不动声色地回归正途，而不是涂画重写。

与此相关的是，字迹潦草难辨的考生，在复习法考的过程中，务必加强书法练习，虽然不必达到字字美观的程度，但起码也要清晰可辨。道理很简单，因为阅卷老师绝对不会在辨识你的字迹的问题上花费太多精力。当然，因为主观卷题量大，写作任务重，所以必要的连笔是不可避免的，但务必保持行段齐整。

第 3 章

··· 论述题的解法 ···

一、一般答题步骤

整体而言，论述题的作答有一定的套路。依笔者之见，可以分为如下四个步骤：

（一）审题

这一步骤的主要任务是通过阅读题目中的问题，搞清楚命题人想问什么。问什么答什么，起码能保证不跑题，所答的内容做到了有的放矢。这里用到最多的方法是关键词识别法，即找出问题中的关键词，逐一展开论述。

（二）谋篇（设计提纲）

此步骤应当将所要陈述的内容按照一定的逻辑结构铺陈展开。这就涉及布局的合理性，比如要思谋分成几段、每段写什么、写多长等问题。按照中国古人作文的标准范式，建议大家采用虎头、猪肚、豹尾的结构配置，也就是开篇要有气势，中间要厚实，结尾要有力，最好有余音袅袅的魅力。当然，所划分的各段在长度方面也应当相对平衡。

（三）分解材料

从这几年的考试情况看，每一道论述题都会提供两到三段相关材料，一般而言都是领导人的讲话，或者是党和国家某次会议决定的内容之类。这些材料中蕴含了大量关于题目所涉及论题的信息、解答思路。因此，在遇到没有事先准备过的题目时，如果大脑中空白一片，不知道该写什么，就可以仔细阅读材料，归纳总结其中的观点思路，借鉴其中的术语措辞，为写作提供素材、营养、角度和思路。

（四）实操（正式写作）

这一步骤是将谋划好的框架具体落实到文字段落之中，也就是将心中的谋划体现

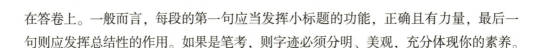

在答卷上。一般而言，每段的第一句应当发挥小标题的功能，正确且有力量，最后一句则应发挥总结性的作用。如果是笔考，则字迹必须分明、美观，充分体现你的素养。

二、意义类考题的演示

为了避免空对空的纯理论叙说，笔者将以2014年卷四第7题为例，说明上述四个步骤的具体展开程序。

（一）审题技巧

要想做到紧扣题意，而不是离题万里，那就必须认真审题。审题的第一步不是直接阅读题干中的材料，而是直击问题，然后带着问题去阅读材料。比如，2014年卷四第7题的第4问："结合材料一和材料二，运用行政法基本原理，阐述我国公司注册资本登记制度改革在法治政府建设方面的主要意义。"

可见，题目要求有三：①运用行政法的基本原理；②必须聚焦于法治政府建设；③必须结合材料中的我国公司注册资本登记制度。

认识到这三点意味着：

第一，必须运用行政法的基本原理，宽泛地运用法理学的一般原理不符合题意。因此，必须调动行政法老师授课时教授的理论和术语，而不能根据社会常识作答，亦即随时向阅卷人展示自己在行政法方面的理论功底和专业水平。

第二，法治政府建设是焦点，答案的构造必须时时刻刻围绕着法治政府建设这条中心线（纲）。

第三，答案必须以我国公司注册资本登记制度为引子（领），通过该制度来说明和体现法治政府建设的意义和价值。

这就是审题过程的第一步。

带着上述三个问题，再去阅读题干中的材料，提炼要点。很明显，材料一提供的是一个涉及虚报注册资本，骗取公司登记的具体案件，对论述题的解答意义不大；材料二则涉及对于注册资本登记制度的改革问题，与论述题的解答关系密切。材料二的第一段具体提供了2013年《公司法》重大修订所涉及的四点主要内容：①取消了公司最低注册资本的限额；②取消了公司注册资本实缴制，实行公司注册资本认缴制；③取消了货币出资比例的限制；④公司成立时不再需要提交验资报告，公司的认缴出资额、实收资本不再作为公司登记事项。第二段提供了2014年国务院根据上述《公司法》的修订精神批准的《注册资本登记制度改革方案》的内容，特别提到了"放松市场主体准入管制，严格市场主体监督管理和保障措施"两个方面。

概括一下，结合前述题目的三项要求，材料提示我们的内容可以概括为三个方面：①我国公司注册资本登记制度改革的核心是放松市场主体准入管制，降低准入门槛；②该项改革对于法治政府建设而言，其核心意义就是简政放权，减少行政机关对于市场的过度干预；③就行政法的基本原理而言，可以从服务行政、便民利民，权力制约、有限政府，简便快捷、效能政府等角度进行论述。

（二）设计提纲

题目要求"结合材料一和材料二，运用行政法基本原理，阐述我国公司注册资本登记制度改革在法治政府建设方面的主要意义"。因此，可以设计一个清晰简明的提纲：

第一部分，指出公司注册资本登记制度改革是什么，为什么要改革，宏观上有什么意义。

第二部分，具体分段论述该改革在法治政府建设方面的主要意义，将行政法的基本原理揉进去：

1. 对于服务行政、便民利民有什么意义。

2. 对于权力制约、有限政府有什么意义。

3. 对于简便快捷、效能政府有什么意义。

第三部分，承担补漏的功能，论述简政放权对于建设法治政府来说，还应当有所作为，加强监管。

这种总—分—总的提纲构图其实非常容易把握，考生上手也比较快，而且结构清晰，阅卷人非常容易找到给分点。从另一个角度来说，就是首先，结合材料引入总的论题；其次，将总论题分解为几个具体的分论题，一一展开论述说明；最后，进行总结概括与适当提升。

（三）分解材料（略）

（四）正式写作

在写作过程中，许多考生可谓是"拔剑四顾心茫然"，大脑中一片空白，只能照搬材料原文，改头换面，把空白部分写满了事，同时期待着阅卷人能够"不看功劳也看苦劳"，给个辛苦分。实际上，按照答题要求，"无本人观点或论述，照搬材料原文"非常明确是不得分的。此点也请考生切记。因此，一个简便易行的思路就是"源于材料，高于材料"，即对材料原文进行分解、归纳、总结、提炼和加工。实在做不到的，起码也应当让自己的文字和材料原文在外观上存在显著不同。当然，对材料的复制、改装也需要看具体情况，如果材料本身都是一些具体的案件或实例，复制它们明显毫无意义，此时你就必须放弃这种企图。以 2014 年卷四第 7 题为例，给出的材料一是个案例，没办法复制；材料二是对公司注册资本登记制度改革的介绍，存在若干有参考价值的点，考生可以把这几个点分散到不同的段落进行引用。

在具体的操作方面，首先要用一段话论述公司注册资本登记制度改革的内容和价值。你可以这样写：

公司注册资本登记制度改革是当前我国简化政府职能、还权于民、建设服务型政府过程中诸多具体措施的一个缩影，既是社会主义市场经济发展的内在逻辑和必然要求，也是建设有竞争力的现代企业制度的一个重要方面，更是对规范行政权力、建设法治政府具有十分重要的意义。具体而言，体现在如下几个方面：……

这样的表述方式，再刁钻的阅卷人也说不出什么来。当然，你也可以这么写：

公司注册资本登记制度改革取消了公司最低注册资本的限额和注册资本实缴制，不再要求货币出资比例，从政策层面上放松了市场主体准入的管制机制，降低了准入门槛，体现了政府贯彻简政放权，建设服务政府、法治政府、责任政府的决心。这一改革明显有助于激发市场主体的活力，促进社会主义市场经济的有序发展，对于规范政府权力、简化审批流程、建设法治政府意义重大。具体体现在如下几个方面：……

但是，你绝不可以以如下文学化的方式写作：

取消了，

真的取消了，

平地起惊雷，

这个重大的改革措施将震荡中国，

它将改变我们对于公权力的认识，

为我们拉开历史帷幕，

透视未来的光芒！

总体而言，措辞理性平和是解答论述题的第一美德，诗情画意和堆砌形容词都是错误的选择。必须永远牢记，我们需要的不是感叹，而是论证！

在首段完成主题的切入之后，从第二段开始分别论述。你必须学会提示重点：

1. 公司注册资本登记制度改革有利于便民利民，建设服务型政府。通过简政放权，简化公司登记流程，放松市场主体准入管制，降低准入门槛，还权于民。一方面有助于充分发挥市场在资源配置中的基础作用；另一方面也极大地方便了公众和当事人，有助于调动市场和企业的积极性，激发公众的创业热情。

2. 公司注册资本登记制度改革有利于规范国家公权力，建设有限政府。通过简政放权，规范公司登记行为，降低政府对于市场主体的管制，缩减政府不必要的职能和权力，有助于避免政府过度干预市场和企业自主权，进一步划清政府、企业和市场之间的界限，防止权力滥用，建设廉洁政府。

3. 公司注册资本登记制度改革有利于提高行政机关的办事效率，建设效能政府。通过简化登记程序，提高行政机关的办事效率，强化政府在公司登记中的服务意识，促进行政活动简洁、高效、快捷地运作。

一般来说，在第二部分"分论"中，分为三小段论述足矣，提纲挈领的重点语句必须前置，方便阅卷人快速地定位，并给出有效分值。

这个部分的主要功能是"正面论述"；而第三部分则负责"补充不足"，履行补漏的功能，阐述对于法治政府建设而言，公司注册资本登记制度改革还存在哪些容易被忽略的要点。这个部分可以用一段话简明总结，不妨构造如下：

总而言之，公司注册资本登记制度改革强调简政放权，要求政府把该放掉的权力放掉，但这并不意味着政府可以放弃自己的管理职责。宽进必然意味着严管。在降低市场主体准入门槛的同时，政府必须把该管的事情管好，改变监管方式，提高监管水平，严格市场主体监督管理和保障措施，推进相应的配套监管制度改革的具体措施，为形成诚信、有序、健康、公平的社会主义市场经济提供有力的保障。

"正面论述—补充不足"的论述格局在应对法考主观卷中的论述题时非常管用，它为你提供了面对论述题时的一个简单易学的操作框架，你可以将所有有用的材料按照这个框架排列组合，以呈现出层层推进、思虑周全的论述力量。

总之，如果出现要求"论述 A 对 B 的意义"的论述题，考生应当采用的基本套路如下：

首先，论述 A 是什么，宏观上说明很重要。这个部分发挥［引］的作用。

其次，具体论述 A 对 B 的意义。这个部分发挥［正］的作用。

最后，概括总结、弥补漏洞，论述在强调 A 的过程中，容易忽视什么。这个部分发挥［反］的作用。

三、关系类考题的演示

除了上述"意义类"论述题外，法考实践中还曾经出现过"关系类"论述题。如 2013 年卷四第 7 题的第 4 问：

4. 近年来，随着社会转型的深入，社会管理领域面临许多挑战，通过人民调解、行政调解、司法调解和民事诉讼等多种渠道化解社会矛盾纠纷成为社会治理的必然选择；同时，司法改革以满足人民群众的司法需求为根本出发点，让有理有据的人打得赢官司，让公平正义通过司法渠道得到彰显。请结合本案和社会发展情况，试述调解和审判在转型时期的关系。

其一，第7题是个民事案件，因此，结合该案就意味着本题应当侧重于论述民事调解和民事诉讼的关系，不宜完全从法理学或者习近平法治思想的角度展开，而是应当尽量结合《民事诉讼法》的规范和理论。

其二，题目要求结合社会发展情况来论述，而题目本身已经提示我们这个社会是在转型时期。

其三，论述调解和审判的关系，自然意味着二者同等重要、相辅相成，不可偏废，不能片面地强调某一种机制。

分析完题目之后，就可以按照如下思路列出提纲：

第一部分，由本案引出民事调解和民事诉讼各自的优劣得失。这一部分发挥［引］的功能。

第二部分，具体分为两段，论述调解和诉讼之间的关系，将《民事诉讼法》的基本原理揉进去。这一部分发挥［正］的功能：

1. 调解对于诉讼的意义。

2. 诉讼对于调解的意义。

第三部分，承担补漏的功能，论述调解和诉讼作为多元纠纷解决机制中的两条途径，应当结合其他机制共同解决纠纷。同时，绝对不能因为大调解的治理方式而歪曲了民事审判应有的位置，解决民事纠纷要贯彻司法最终解决原则，即纠纷都可以诉诸公正审判予以最终解决。这一部分发挥［反］的功能。

四、看法类考题

论述题的另一种考法是单纯地问你对推进全面依法治国框架中的某个问题的看法。比如，给出一段材料之后，让考生"结合材料，就强化对行政权力的制约和监督，谈谈你的看法"。面对这样的一道题目，考生一般可以构建如下的答题提纲：

1. ［为什么］为什么要强化？

2. ［怎么办］正面论述如何强化。

（1）外部监督；

（2）内部监督；

（3）审计监督。

3. ［要注意］反面论述强化监督并不意味着鼓励行政机关及其工作人员无所作为、推诿塞责。

接下来，考生就可以调动你所掌握的理论资源，填充到相应的提纲当中。这样，我们就可以总结出如下答案：

参考答案 （要点）

1. 行政权力是宪法和法律赋予行政机关管理经济、文化、社会事务的权力，是国家权力的重要组成部分。依法对行政权力进行科学有效的制约和监督，是推进全面依法治国、坚持人民当家作主的主体地位、推进国家治理体系和治理能力现代化的必然要求，也是提升各级政府及其工作部门依法履职能力、加快建设法治政府的必然要求，更是使市场在资源配置中发挥决定作用和更好地发挥政府作用的必然要求。

2. 强化对行政权力的制约和监督，具体包括如下几个方面的要求：

（1）加强行政权力运行制约和监督体系建设。行政权力运行制约和监督体系建设是一项系统工程，涉及党内监督、人大监督、民主监督、行政监督、司法监督、审计监督、社会监督、舆论监督等各个方面，必须充分发挥各监督主体的作用和积极性，科学设定监督职责，严密监督程序，努力形成科学有效的权力运行制约和监督体系，增强监督合力和实效。

（2）加强对政府内部权力的制约。第一，加强对关键部门和重点岗位的行政权力制约和监督，对财政资金分配使用、国有资产监管、政府投资、政府采购、公共资源转让、公共工程建设等权力集中的部门和岗位实行分事行权、分岗设权、分级授权，定期轮岗，强化内部流程控制，防止权力滥用；第二，完善政府内部层级监督和专门监督；第三，完善纠错问责机制，推进行政问责制度化、规范化，进一步明确问责范围、问责程序，加大问责力度，增强行政问责的针对性、操作性和时效性，坚决纠正行政不作为和乱作为。

（3）完善审计制度。第一，要依法实行审计监督全覆盖。对公共资金、国有资产、国有资源和领导干部履行经济责任情况实行审计全覆盖，既是审计机关的法定职责，也是深化改革的必然要求。第二，要进一步完善审计管理体制。要强化上级审计机关对下级审计机关的领导，落实地方审计机关重大事项向地方政府和上一级审计机关报告制度。改革审计管理体制，探索省以下地方审计机关人、财、物统一管理，保证审计发挥有效的监督作用。第三，要大力推进审计职业化建设。要按照推进审计职业化要求，大力推进各级审计机关公务员队伍专业化建设，严格审计人员准入门槛，完善审计人员行为准则。同时，大力鼓励发展专业化审计师事务所等社会组织，积极探索建立政府购买审计服务机制，推动国家审计机关与专业化社会组织形成合力。

3. 我们要从党和国家事业发展全局和战略的高度，深刻认识强化对行政权力制约和监督的重要性，依法规范行政权力运行，使行政权力永远体现人民意志，永远接受人民监督，永远为人民服务。同时也要注意到，强化制约和监督并不意味着鼓励行政机关及其工作人员无所作为、推诿塞责。

总体而言，论述题作答的秘诀在于两点：一是搭建框架，二是迅速完成。作为主观卷的第一道题目，考生在上面花费太多时间很明显是愚蠢的，一般要控制在相应的时间之内作答完毕。

第 4 章

··· 历年重点论述题解析 ···

在了解了一般答题技巧之后，接下来，笔者以历年考试中的论述题为例，向大家展示上述答题套路的具体运用。

一、2015 年考题（本题 20 分）

材料一：法律是治国之重器，法治是国家治理体系和治理能力的重要依托。全面推进依法治国，是解决党和国家事业发展面临的一系列重大问题，解放和增强社会活力、促进社会公平正义、维护社会和谐稳定、确保党和国家长治久安的根本要求。要推动我国经济社会持续健康发展，不断开拓中国特色社会主义事业更加广阔的发展前景，就必须全面推进社会主义法治国家建设，从法治上为解决这些问题提供制度化方案。

——摘自习近平：《关于〈中共中央关于全面推进
依法治国若干重大问题的决定〉的说明》

材料二：同党和国家事业发展要求相比，同人民群众期待相比，同推进国家治理体系和治理能力现代化目标相比，法治建设还存在许多不适应、不符合的问题，主要表现为：有的法律法规未能全面反映客观规律和人民意愿，针对性、可操作性不强，立法工作中部门化倾向、争权诿责现象较为突出；有法不依、执法不严、违法不究现象比较严重，执法体制权责脱节、多头执法、选择性执法现象仍然存在，执法司法不规范、不严格、不透明、不文明现象较为突出，群众对执法司法不公和腐败问题反映强烈。

——摘自《中共中央关于全面推进依法治国若干重大问题的决定》

问题：

根据以上材料，结合全面推进依法治国的总目标，从立法、执法、司法三个环节谈谈建设社会主义法治国家的意义和基本要求。

答题要求：

1. 无观点或论述、照搬材料原文的不得分。

2. 观点正确，表述完整、准确。

3. 总字数不得少于 400 字。

📝 **答题区**

（此处为空白答题格，右侧标注）400字

解题思路 ▶▶▶

面对这样一道论述题，首先应当重视的是问题："根据以上材料，结合全面推进依法治国的总目标，从立法、执法、司法三个环节谈谈建设社会主义法治国家的意义和基本要求。"根据问题的要求，构建"总—分—总"的答案框架：

1. 总：全面推进依法治国的总目标。

2. 分

（1）结合材料从立法环节谈谈建设社会主义法治国家的基本要求；

（2）结合材料从执法环节谈谈建设社会主义法治国家的基本要求；

（3）结合材料从司法环节谈谈建设社会主义法治国家的基本要求。

3. 总：宏观论述建设社会主义法治国家的意义。

当然，在实际答题过程中，你大可不必写这么复杂的框架。这么多字，实际上分明是在浪费时间。你可以采取简写的方法，如下：

1. 总：总目标。

2. 分：基本要求

（1）从立法环节谈；

（2）从执法环节谈；

（3）从司法环节谈。

3. 总：意义。

这个框架不能停留于你的心里，而是要落实在草稿纸上，这就像一座大楼必须要有设计图纸。首先，这个在草稿纸上的设计图能够让你在答题过程中胸有成竹，避免遗忘。不要太相信自己的记忆力，很多时候写着写着你就忘记了自己原来构想的结构和内容了。其次，在草稿纸上写出框架来，还有一个好处，那就是在实操之时，你可能随时都有新的点子、新的想法、新的内容冒出来，不要放过这种灵光闪现的有益线索，迅速把它们捕捉下来，记录并安排到草稿纸上的框架里的妥当位置上。如果你不马上把它们记录下来，这些一鳞片爪很快就会消失，等你想用的时候就想不起来了。当然，对于参加机考的考生来说，最好把草稿直接打在电脑的答题栏里面，随时增删、复制粘贴，也比较方便。

总之，论述题的论证框架是按照题目的要求搭建的。题目要求你结合"全面推进依法治国的总目标"，你就一定要在答案的开篇答出"全面推进依法治国的总目标"。题目要求你"从立法、执法、司法三个环节谈谈"，你在框架中就要有三段内容分别从立法、执法、司法三个角度讨论问题。简单一句话，人家要求什么，你就要有什么，起码在框架上一定要体现出来。

框架搭建好了之后，你应当调动你就该部分所掌握的一切知识充填其中，想到什么就写什么，只要政治正确即可。

参考答案 （要点）

1. 全面推进依法治国的总目标是建设中国特色社会主义法治体系，建设社会主义法治国家。即：在党的领导下，坚持中国特色社会主义制度，贯彻中国特色社会主义法治理论，形成完备的法律规范体系、高效的法治实施体系、严密的法治监督体系、有力的法治保障体系，形成完备的党内法规体系，坚持依法治国、依法执政、依法行政共同推进，坚持法治国家、法治政府、法治社会一体建设，实现科学立法、严格执法、公正司法、全民守法，促进国家治理体系和治理能力现代化。

2. （1）从立法环节来看，要完善以宪法为核心的法律体系，加强宪法实施。建设中国特色社会主义法治体系，必须坚持立法先行，发挥立法的引领和推动作用，抓住提高立法质量这个关键。形成完备的法律规范体系，要贯彻社会主义核心价值观，使每一项立法都符合宪法精神。要完善立法体制机制，坚持立改废释并举，增强法律法规的及时性、系统性、针对性、有效性。

（2）从执法环节来看，要深入推进依法行政，加快建设法治政府。法律的生命力和法律的权威均在于实施。建设法治政府要求在党的领导下，创新执法体制，完善执法程序，推进综合执法，严格执法责任，建立权责统一、权威高效的依法行政体制，加快建设职能科学、权责法定、执法严明、公开公正、廉洁高效、守法诚信的法治政府。

（3）从司法环节来看，要保证公正司法，提高司法公信力。要完善司法管理体制和司法权力运行机制，规范司法行为，加强监督，让人民群众在每一个司法案件中感受到公平正义。

3. 总之，全面推进依法治国是坚持和发展中国特色社会主义的本质要求和重要保障，也是实现国家治理体系和治理能力现代化的必然要求，事关我们党执政兴国，事关人民幸福安康，事关党和国家长治久安。全面建成小康社会、实现中华民族伟大复兴的中国梦，全面深化改革，完善和发展中国特色社会主义制度，提高党的执政能力和执政水平，必须全面推进依法治国。

二、2016 年考题（本题 20 分）

材料一：平等是社会主义法律的基本属性。任何组织和个人都必须尊重宪法法律权威，都必须在宪法法律范围内活动，都必须依照宪法法律行使权力或权利、履行职责或义务，都不得有超越宪法法律的特权。必须维护国家法制统一、尊严、权威，切实保证宪法法律有效实施，绝不允许任何人以任何借口任何形式以言代法、以权压法、徇私枉法。必须以规范和约束公权力为重点，加大监督力度，做到有权必有责、用权受监督、违法必追究，坚决纠正有法不依、执法不严、违法不究行为。

——摘自《中共中央关于全面推进依法治国若干重大问题的决定》

材料二：全面推进依法治国，必须坚持公正司法。公正司法是维护社会公平正义的最后一道防线。所谓公正司法，就是受到侵害的权利一定会得到保护和救济，违法犯罪活动一定要受到制裁和惩罚。如果人民群众通过司法程序不能保证自己的合法权利，那司法就没有公信力，人民群众也不会相信司法。法律本来应该具有定分止争的功能，司法审判本来应该具有终局性的作用，如果司法不公、人心不服，这些功能就难以实现。

——摘自习近平：《在十八届中央政治局第四次集体学习时的讲话》

问题：

根据以上材料，结合依宪治国、依宪执政的总体要求，谈谈法律面前人人平等的原则对于推进严格司法的意义。

答题要求：

1. 无观点或论述、照搬材料原文的不得分。

2. 观点正确，表述完整、准确。

3. 总字数不得少于 400 字。

答题区

400 字

解题思路 ▶▶

首先审题。题目是"根据以上材料，结合依宪治国、依宪执政的总体要求，谈谈法律面前人人平等的原则对于推进严格司法的意义"。因此，题目问了两个问题：①依宪治国、依宪执政的总体要求；②法律面前人人平等的原则对于推进严格司法的意义。

接下来设计提纲。你可能不知道该怎么谋篇布局。没关系，你可以运用关键词识别法。整个题目涉及三组关键词：①依宪治国、依宪执政；②法律面前人人平等的原则；③推进严格司法。当我们不知道什么总体要求、什么意义的时候，最简单的办法就是分三段，每组关键词写一段。于是，整体的提纲可以罗列如下：

1. 依宪治国、依宪执政的总体要求。

2. 法律面前人人平等的原则。

3. 推进严格司法。

框架搭建好了之后，你就可以努力地往里面塞内容，把你复习过程中积累的所有有关依宪治国、依宪执政的素材都放到第一段，所有关于法律面前人人平等原则的语句都放到第二段，所有关于推进严格司法的内容都放到第三段。如果写完之后觉得单薄，还可以分解材料，把材料中有用的元素分析整理，吸收到答案当中。

参考答案 ▶▶ （要点）

1. 坚持依法治国首先要坚持依宪治国，坚持依法执政首先要坚持依宪执政。宪法是国家的根本大法，是党和人民意志的集中体现，全国各族人民、一切国家机关和武装力量、各政党和各社会团体、各企业事业组织，都必须以宪法为根本活动准则。依宪治国、依宪执政必须贯彻法律面前人人平等的原则：一方面，宪法法律对所有公民和组织的合法权利予以平等保护，对受侵害的权利予以平等救济；另一方面，任何个人都不得有超越宪法法律的特权，一切违反宪法法律的行为都必须予以纠正和追究。

2. 平等是社会主义法律的基本属性，是社会主义法治的根本要求，严格司法是法律面前人人平等的原则在司法环节的具体表现。公正是法治的生命线，司法公正对社会公平正义具有重要引领作用。正如习近平总书记所说，司法不公、司法不严对社会公平正义和司法公信力具有致命的破坏作用。坚持法律面前人人平等，意味着人民群众的诉讼权利在司法程序中应得到平等对待，人民群众的实体权利在司法裁判中应得到平等保护。只有让人民群众在每一个司法案件中感受到公平正义，人民群众才会相信司法，司法才具有公信力。

3. 坚持法律面前人人平等的原则，对于严格司法提出了更高的要求：首先，司法机关及其工作人员在司法过程中必须坚持以事实为根据、以法律为准绳，坚持事实认定符合客观真相、办案结果符合实体公正、办案过程符合程序公正，统一法律适用的标准，避免同案不同判，实现对权利的平等保护和对责任的平等追究；其次，推进以审判为中心的诉讼制度改革，全面贯彻证据裁判规则，确保案件事实证据经得起法律检验，确保诉讼当事人受到平等对待，绝不允许法外开恩和法外施刑；最后，司法人员工作职责、工作流程、工作标准必须明确，办案要严格遵循法律面前人人平等的原则，杜绝对司法活动的违法干预，办案结果要经得住法律和历史的检验。

三、2017 年考题（本题 22 分）

材料一：法律本来应该具有定分止争的功能，司法审判本来应该具有终局性的作用，如果司法不公、人心不服，这些功能就难以实现。……我们提出要努力让人民群众在每一个司法案件中都感受到公平正义，所有司法机关都要紧紧围绕这个目标来改进工作，重点解决影响司法公正和制约司法能力的深层次问题。

——摘自习近平：《第十八届中央政治局第四次集体学习时的讲话》

材料二：新华社北京 2017 年 5 月 3 日电：中共中央总书记、国家主席、中央军委主席习近平 3 日上午来到中国政法大学考查。习近平指出，我们有我们的历史文化，有我们的体制机制，有我们的国情，我们的国家治理有其他国家不可比拟的特殊性和复杂性，也有我们自己长期积累的经验和优势。

问题：

请根据材料一和材料二，结合自己对中华法文化中"天理、国法、人情"的理解，谈谈在现实社会的司法、执法实践中，一些影响性裁判、处罚决定公布后，有的深获广大公众认同，取得良好社会效果，有的则与社会公众较普遍的认识有相当距离，甚至截然相反判断的原因和看法。

答题要求：

1. 无观点或论述、照搬材料原文的不得分。

2. 观点正确，表述完整、准确。

3. 总字数不少于 500 字。

✎ 答题区

500 字

解题思路

　　面对这样一道论述题，首先应当重视的是问题："请根据材料一和材料二，结合自己对中华法文化中'天理、国法、人情'的理解，谈谈在现实社会的司法、执法实践中，一些影响性裁判、处罚决定公布后，有的深获广大公众认同，取得良好社会效果，有的则与社会公众较普遍的认识有相当距离，甚至截然相反判断的原因和看法。"根据问题的要求，可以判断本题属于社会现象分析评论类的题目，构建"陈述问题–分析原因–解决方案–作出总结"（说问题、找原因、谈解决、作总结）的答案框架：

　　1. 陈述问题："天理、国法、人情"都是社会调控的重要规范，但是它们并不总是协调一致的，主要表现为合法不合理、合理不合法。

　　2. 分析原因：法律与道德有差异。

　　3. 解决方案。

　　4. 作出总结：中华文化强调"天理、国法、人情"的统一和兼顾，依法治国和以德治国相结合。

　　接下来，考生就应当调动你所掌握的理论资源，填充到相应的提纲当中。这样，我们就可以总结出答案。

参考答案　（要点）

　　1. 天理、国法和人情都是社会关系调控的重要规范，但是它们并不总是协调一致的，

025

它们之间往往会有冲突，这主要表现为情理与法理的冲突，即合法不合理、合理不合法。在现实社会的司法、执法实践中，一些影响性裁判、处罚决定公布后，有的既合乎法理，又合乎情理，深获广大公众的认同，取得良好的社会效果；有的虽然合乎法理，却违背了情理，与社会公众较普遍的认识有相当距离，甚至截然相反，受到社会公众的抵制批评。出现这种情况主要是由于法律与道德之间的差异所造成的，很大程度上反映出我国的法律制度与社会道德准则之间出现了脱节。

2. 法律与道德之所以产生冲突，原因是多方面的。①道德多元而法律统一，多元的道德观念和统一严格的法律规范之间可能产生矛盾和冲突。②法律与道德的发展方式不同，有时道德的发展先于法律，法律表现出了滞后性；而有时先进的法律成为道德发展的先导因素。③法律与道德在调整对象、规范性特点和程度方面不同，主要表现为情理与法理上的冲突，即合法不合理与合理不合法两种情况。

3. 为了避免法律与道德之间产生冲突，一方面，在立法时应当充分考虑一定时期社会主义道德的基本要求，将其作为法律制定的价值基础，防止与道德对立的"恶法"出现。一旦出现违背天理、人情的国法，应当积极地修改完善。另一方面，在执法和司法过程中，执法和司法主体应当在合法的前提下，在自由裁量范围内尽量考虑道德要求，使法律的适用不仅合法，而且合理。同时，也应当在法治建设和道德建设中，重视法治宣传和全体社会成员的法律意识培养，批判与社会主义现代化建设不相容的旧的道德理念，加强人们对于法律制度和法治理念的认同感。

4. 国家和社会治理需要法律和道德共同发挥作用。在中国特色社会主义法治国家的建设过程中，我们一定要坚持依法治国和以德治国相结合。一方面，必须坚持一手抓法治、一手抓德治，大力弘扬社会主义核心价值观，弘扬中华传统美德，培育社会公德、职业道德、家庭美德、个人品德，既重视发挥法律的规范作用，又重视发挥道德的教化作用；另一方面，以法治体现道德理念、强化法律对道德建设的促进作用，以道德滋养法治精神、强化道德对法治文化的支撑作用，实现法律和道德相辅相成、法治和德治相得益彰。

四、2018 年考题回忆版（本题 38 分）

材料一：中国特色社会主义法治道路，是社会主义法治建设成就和经验的集中体现，是建设社会主义法治国家的唯一正确道路。在走什么样的法治道路问题上，必须向全社会释放正确而明确的信号，指明全面推进依法治国的正确方向，统一全党全国各族人民认识和行动。

——摘自习近平：《关于〈中共中央关于全面推进依法治国若干重大问题的决定〉的说明》

材料二：改革和法治如鸟之两翼、车之两轮。我们要坚持走中国特色社会主义法治道路，加快构建中国特色社会主义法治体系，建设社会主义法治国家。全面依法治国，核心是坚持党的领导、人民当家作主、依法治国有机统一，关键在于坚持党领导立法、保证执法、支持司法、带头守法。要在全社会牢固树立宪法法律权威，弘扬宪法精神，任何组织和个人都必须在宪法法律范围内活动，都不得有超越宪法法律的特权。

——摘自习近平：《在庆祝中国共产党成立95周年大会上的讲话》

材料三：中国各族人民将继续在中国共产党领导下，在马克思列宁主义、毛泽东思想、邓小平理论、"三个代表"重要思想、科学发展观、习近平新时代中国特色社会主义思想指引下，坚持人民民主专政，坚持社会主义道路，坚持改革开放，不断完善社会主义的各项制度，发展社会主义市场经济，发展社会主义民主，健全社会主义法治，贯彻新发展理念，自力更生，艰苦奋斗，逐步实现工业、农业、国防和科学技术的现代化，推动物质文明、政治文明、精神文明、社会文明、生态文明协调发展，把我国建设成为富强民主文明和谐美丽的社会主义现代化强国，实现中华民族伟大复兴。

——摘自 2018 年 3 月 11 日第十三届全国人民代表大会
第一次会议通过的《宪法修正案》

问题：

请根据材料，结合自己的实际工作和学习，谈谈坚定不移走中国特色社会主义法治道路的核心要义。

答题要求：

1. 无观点或论述、照搬材料原文的不得分。

2. 观点正确，表述完整、准确。

3. 总字数不少于 600 字。

✎ **答题区**

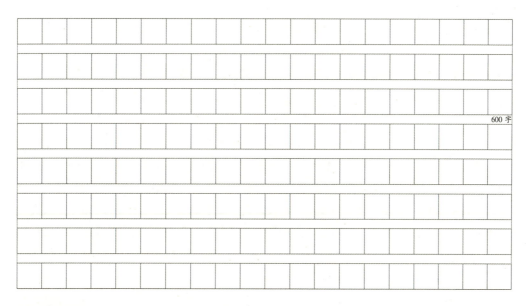

600 字

解题思路 ▶▶▶

2018 年法考主观卷第一题考查的是"中国特色社会主义法治道路的核心要义"。面对这样一道论述题，三大步骤逐一展开如下：

1. ［审题］寻找关键词

（1）自己的实际工作和学习；

（2）中国特色社会主义法治道路；

（3）坚定不移走中国特色社会主义法治道路的核心要义。

以上三点是问题中非常明显的三个关键词，但是根据考生的反馈，还是有很多考生犯了审题不认真的错误。有的考生竟然把"中国特色社会主义法治道路"看成了"中国特色社会主义法治体系"。一旦看错，他就会相应地在"核心要义"的部分运用大量文字表述形成完备的法律规范体系、高效的法治实施体系、严密的法治监督体系、有力的法治保障体系、完善的党内法规体系。这样答自然就是跑题了，得分也会受到显著的影响。

2. ［谋篇］在草稿纸上构造如下框架

（1）［导言］坚定不移走中国特色社会主义法治道路很重要；

（2）［理论总述］中国特色社会主义法治道路的基本内涵；

（3）［理论分述］具体表述坚定不移走中国特色社会主义法治道路的核心要义；

（4）［联系实际、反向注意］如何在自己的实际工作和学习中坚定不移走中国特色社会主义法治道路。

3. ［实操］

根据前述框架的安排，答案可以具体写出如下内容……

参考答案 ▶▶

1. 道路问题关系全局、决定成败。推进全面依法治国，必须首先明确道路问题。中国特色社会主义法治道路，是中国特色社会主义道路这条总道路在法治建设领域的具体体现。坚定不移走中国特色社会主义法治道路为推进全面依法治国指明了方向。

2. 坚定不移走中国特色社会主义法治道路，要求我们必须以马克思列宁主义、毛泽东思想、邓小平理论、"三个代表"重要思想、科学发展观、习近平新时代中国特色社会主义思想为指导，坚持中国特色社会主义制度，坚持中国共产党领导，坚持人民主体地位，坚持法律面前人人平等，坚持依法治国和以德治国相结合，坚持从中国实际出发，建设中国特色社会主义法治体系、建设社会主义法治国家，坚持党的领导、人民当家作主、依法治国有机统一，坚持依法治国、依法执政、依法行政共同推进，坚持法治国家、法治政府、法治社会一体建设，实现科学立法、严格执法、公正司法、全民守法，促进国家治理体系和治理能力现代化。

3. 坚持党的领导，坚持中国特色社会主义制度，贯彻中国特色社会主义法治理论，这三个方面是中国特色社会主义法治道路的核心要义。党的领导是中国特色社会主义最本质的特征，是社会主义法治最根本的保证。中国特色社会主义制度是中国特色社会主义法治体系的根本制度基础。中国特色社会主义法治理论是中国特色社会主义法治体系的理论指导和学理支撑。这三个方面实质上是中国特色社会主义法治道路的核心要义，规定和确保了中国特色社会主义法治体系的制度属性和前进方向。

4. 我是一名人民警察，在实际工作和学习中，我深深地认识到坚定不移走中国特色社会主义法治道路的重要性。……走好这条道路，必须从我国实际出发，要同推进国家治理体系和治理能力现代化相适应，突出中国特色、实践特色、时代特色，既不能罔顾国情、超越阶段，也不能因循守旧、墨守成规。要学习借鉴世界上优秀的法治文明成果，但必须坚持以我为主、为我所用，认真鉴别、合理吸收，不能搞"全盘西化"，不能搞"全面移植"，不能照搬照抄。

五、2019 年考题回忆版（本题 38 分）

材料一：深化党和国家机构改革，目标是构建系统完备、科学规范、运行高效的党和国家机构职能体系，形成总揽全局、协调各方的党的领导体系，职责明确、依法行政的政府治理体系，中国特色、世界一流的武装力量体系，联系广泛、服务群众的群团工作体系，推动人大、政府、政协、监察机关、审判机关、检察机关、人民团体、企事业单位、社会组织等在党的统一领导下协调行动、增强合力，全面提高国家治理能力和治理水平。

——摘自《中共中央关于深化党和国家机构改革的决定》

材料二：依法治国是我国宪法确定的治理国家的基本方略，而能不能做到依法治国，关键在于党能不能坚持依法执政，各级政府能不能依法行政。我们要增强依法执政意识，坚持以法治的理念、法治的体制、法治的程序开展工作，改进党的领导方式和执政方式，推进依法执政制度化、规范化、程序化。执法是行政机关履行政府职能、管理经济社会事务的主要方式，各级政府必须依法全面履行职能，坚持法定职责必须为、法无授权不可为，健全依法决策机制，完善执法程序，严格执法责任，做到严格规范公正文明执法。

——摘自习近平：《加快建设社会主义法治国家》，载《求是》2015 年第 1 期

材料三：坚持依法治国、依法执政、依法行政共同推进，法治国家、法治政府、法治社会一体建设。全面依法治国是一个系统工程，必须统筹兼顾、把握重点、整体谋划，更加注重系统性、整体性、协同性。依法治国、依法执政、依法行政是一个有机整体，关键在于党要坚持依法执政、各级政府要坚持依法行政。法治国家、法治政府、法治社会三者各有侧重、相辅相成，法治国家是法治建设的目标，法治政府是建设法治国家的主体，法治社会是构筑法治国家的基础。要善于运用制度和法律治理国家，提高党科学执政、民主执政、依法执政水平。

——摘自习近平：《在中央全面依法治国委员会第一次会议上的讲话》

问题：

根据材料，结合你对党和国家机构改革的认识，谈谈法治政府建设在全面依法治国中的重要意义以及新时代法治政府建设的根本遵循。

答题要求：

1. 无观点或论述、照搬材料原文的不得分。

2. 观点正确，表述完整、准确。

3. 总字数不得少于 600 字。

✐ **答题区**

（此处为答题方格，共七行空白格）

600 字

解题思路 ▶▶▶

1. 答题思路

2019 年法考主观卷第一题继续考查基本概念，考查"全面推进依法治国的根本遵循"。本题属于复合题型，是意义类、概念类和心得类考题的复合考查，涉及"你对党和国家机构改革的认识""法治政府建设在全面依法治国中的重要意义""新时代法治政府建设的根本遵循"三个知识点。

基于"问什么答什么"的应答思路，回答本题只要紧密围绕上述三个知识点来展开，就可以做到不跑题，拿到及格分。

在写作结构方面，按照"虎头、猪肚、豹尾"的要求，理论上，内容丰富的部分最好放到中间，容易升华、展望未来的部分适合放到结尾。因此，一种恰当的写法是：以"法治政府建设在全面依法治国中的重要意义"作为虎头；"新时代法治政府建设的根本遵循"因为涉及三个侧面，作为猪肚；而"你对党和国家机构改革的认识"则可以作为豹尾。

当然，论述题的性质就决定了其并没有统一的标准写法，只要有理有据、能自圆其说即可。所以第二种结构方案同样可行，那就是：以"你对党和国家机构改革的认识"作为虎头；"法治政府建设在全面依法治国中的重要意义"作为猪肚，分成三个角度或者侧面分述其意义；而"新时代法治政府建设的根本遵循"作为豹尾。

或者采用第三种结构方案：将"你对党和国家机构改革的认识"作为虎头，"新时代法治政府建设的根本遵循"作为猪肚，"法治政府建设在全面依法治国中的重要意义"作为豹尾。

如果考生在考场上无力拆分"根本遵循"或者"意义"，那么第四种结构方案也可以采用：第一段写"法治政府建设在全面依法治国中的重要意义"，第二段写"法治政府建设"，第三段写"新时代法治政府建设的根本遵循"，第四段写"你对党和国家机构改革的认识"。整体而言，这种写法难度低，对考生的要求不高。当然，因为讨论不深入，得分也会有一定的影响。

2. 命题陷阱分析

就本题的设计而言，最大的陷阱在于"新时代法治政府建设的根本遵循"。党的十八届四中全会通过《中共中央关于全面推进依法治国若干重大问题的决定》中有"全面推进依法治国的根本遵循"的提法，但是没有"新时代法治政府建设的根本遵循"的内容。于是许多考生陷入了莫名其妙的境况，不知道这题该答什么。可以看出，命题人已经避开了直接考查特定考点的命题方式，而是在考查考生基本概念、基本原理的同时，还考查了考生的应变能力和逻辑推理能力。由于"全面推进依法治国"自然全面地囊括了科学立法、严格执法、公正司法、全民守法等诸多方面，因此在逻辑上，在科学立法、严格执法、公正司法、全民守法的过程中，当然要贯彻"全面推进依法治国"的一般原理。"全面推进依法治国"要根本遵循"中国特色社会主义道路、理论体系和制度"，那么在科学立法、严格执法、公正司法、全民守法的过程中当然也要根本遵循"中国特色社会主义道路、理论体系和制度"。这是一个非常简单的道理。

而面对这一问题，考生基本上有两种情况：第一种情况是没听过"根本遵循""核心要义""工作布局"这类概念，完全不知所云，以为这是一道瞎扯淡、随便写的题；第二种情况是知道"根本遵循"是什么，但是由于不理解"全面推进依法治国"与"新时代法治政府建设"的逻辑包含关系，因此不知道"新时代法治政府建设的根本遵循"是什么，欠缺"化不会为会"的逻辑推理能力。

总之，这道题的真正难点在于"根本遵循"，这是命题人特别高明之处。反过来，对于那些擅长死记硬背的考生而言，绝对是个巨大的灾难。这同时意味着，以后的理论法论述题也将沿着类似的道路命题，不会特别直接地问你某个知识点，而是变换一种方式，考查你对相关概念和原理是否有深入的理解。

参考答案 ▶▶

方案一：

1. 加快建设法治政府是全面推进依法治国、建设中国特色社会主义法治体系的重要内容。当前，全面推进依法治国进入关键时期，加快建设法治政府任务艰巨而紧迫、意义重大而深远。当前，中国特色社会主义法律体系已经形成，总体上解决了无法可依的问题，但有法不依、执法不严、违法不究的问题仍在相当程度上存在，严重损害了宪法法律的权威和尊严。行政机关作为国家权力机关的执行机关，负有严格贯彻宪法法律的重要职责，是实施宪法法律的重要主体。行政机关的执法水平直接关系人民群众的切身利益，直接关系党和政府的公信力。依法治国目标的实现很大程度上决定于法治政府建设的进度和质量。因此，各级政府必须按照"坚持依法治国、依法执政、依法行政共同推进，坚持法治国家、法治政府、法治社会一体建设"的要求，深入推进依法行政，切实做到严格执法和带头守法，全面提升政府工作法治化水平，确保依法治国方略全面落实、小康社会全面建成、改革全面深化，人民合法权益得到有效维护，社会公平正义能够充分实现。

2. 中国特色社会主义道路、理论体系、制度是法治政府建设的根本遵循。其中，中国特色社会主义道路为法治政府建设指明了方向，中国特色社会主义理论体系是法治政府建设的理论指引和行动指南，中国特色社会主义制度是法治政府建设的制度基础。

第一，法治政府建设必须坚定不移走中国特色社会主义道路。道路决定命运，道路问题是法治政府建设的根本问题。中国特色社会主义道路是党和国家各项事业顺利发展的总道路，其内涵就是在中国共产党的领导下，立足基本国情，以经济建设为中心，坚持四项基本原则，坚持改革开放，解放和发展社会生产力，建设社会主义市场经济、社会主义民主政治、社会主义先进文化、社会主义和谐社会、社会主义生态文明，促进人的全面发展，逐步实现全体人民共同富裕，建设富强民主文明和谐美丽的社会主义现代化强国。建设法治政府，最根本的就是要坚定不移地沿着中国特色社会主义道路前进，坚持走中国特色社会主义法治道路。

第二，法治政府建设必须坚定不移贯彻中国特色社会主义理论体系。没有正确的理论，就没有正确的行动。中国特色社会主义理论体系是党和国家各项事业顺利发展的科学指南，其内涵就是包括邓小平理论、"三个代表"重要思想、科学发展观、习近平新时代中国特色社会主义理论在内的科学理论体系，这一科学理论体系是对马克思列宁主义、毛泽东思想的坚持和发展。我们党之所以在革命、建设和改革的各个历史时期都能够领导人民不断取得胜利，正确的指导思想是根本前提。因此，推进依法行政，建设法治政府，必须贯彻中国特色社会主义理论体系，确保法治政府建设始终沿着正确的方向前进。

第三，法治政府建设必须坚定不移坚持中国特色社会主义制度。中国特色社会主义制度是党和国家各项事业顺利发展的重要保证，其内涵就是人民代表大会制度的根本政治制度、中国共产党领导的多党合作和政治协商制度、民族区域自治制度、基层群众自治制度等基本政治制度，中国特色社会主义法律体系，公有制为主体、多种所有制经济共同发展的基本经济制度，以及建立在这些制度基础上的经济体制、政治体制、文化体制、社会体制等各项具体制度。推进依法行政，建设法治政府，必须有助于巩固和发展中国特色社会主义制度，而不能弱化、虚化、动摇乃至否定中国特色社会主义制度。

3. 深化党和国家机构改革，是中国特色社会主义制度的自我完善和发展，是坚持和加强党的全面领导的必然要求，也是推进国家治理体系和治理能力现代化的重大举措。目前，党和国家机构设置和职能配置同统筹推进"五位一体"总体布局和协调推进"四个全面"战略布局的要求还不完全适应；一些领域，党的机构设置和职能配置不够健全有力，党和国家机构重叠、职责交叉、权责脱节，中央和地方机构权责划分也不尽合理。因此，必须与时俱进，深化党和国家机构改革，着力解决党和国家机构设置和职能配置存在的矛盾和问题，进一步推进机构职能优化协同高效、深化央地统筹协调，发挥好中央和地方的两个积极性，破除妨碍党和国家事业发展的壁垒，构建系统完备、科学规范、运行高效的党和国家机构职能体系，建设职能科学、权责法定、执法严明、公开公正、廉洁高效、守法诚信的法治政府，从而满足人民群众日益增长的美好生活的需要，更好地发挥中国特色社会主义制度优越性。

方案二：

1. 加快建设法治政府对于全面推进依法治国、建设中国特色社会主义法治体系具有重大的理论和实践意义。首先，中国特色社会主义法律体系已经形成，行政机关是国家权力机关的执行机关，负有严格贯彻宪法法律的重要职责，是实施宪法法律的重要主体。全面提升政府工作法治水平，能够确保依法治国方略全面落实。其次，加快建设法治政府是全面建成小康社会、全面深化改革的迫切需要。面对新形势新任务，要求各级政府要更加自觉地用法治眼光审视发展改革问题，用法治思维凝聚发展改革共识，用法治方式营造发展改革环境，用法治办法破解发展改革难题，用法治规范保障发展改革成果。此外，通过建设法治政府，推动形成整体、全面、合理的制度安排，实现严格规范公正文明执法，强化对行政权力的制约和监督，保证依法全面履行政府职能，有利于促进各种利益依法调解、各种矛盾依法解决、各项社会事务依法管理，有利于促进社会成员依法享有权利、行使权利、维护权利、履行义务、承担责任，从而推动在全社会实现公平正义。

2. 必须深入推进依法行政，加快建设职能科学、权责法定、执法严明、公开公正、廉洁高效、守法诚信的法治政府。首先，依法全面履行政府职能，完善行政组织和行政程序法律制度，推进机构、职能、权限、程序、责任法定化；推行政府权力清单制度，推进各级政府事权规范化、法律化。其次，健全依法决策机制，积极推行政府法律顾问制度，把公众参与、专家论证、风险评估、合法性审查、集体讨论决定确定为重大行政决策法定程序，同时建立重大决策终身责任追究制度及责任倒查机制，确保决策制度科学、程序正当、过程公开、责任明确。再次，应当继续深化行政执法体制改革，根据不同层级政府的事权和职能，按照减少层次、整合队伍、提高效率的原则，合理配置执法力量，推进综合执法；完善行政执法程序，建立执法全过程记录制度；建立健全行政裁量权基准制度，细化、量化行政裁量标准，规范裁量范围、种类、幅度；实现严格规范公正文明执法。最后，全面推进政务公开，强化对行政权力的制约和监督，努力形成科学有效的行政权力运行制约和监督体系，增强监督合力和实效。

3. 中国特色社会主义道路、理论体系、制度是法治政府建设的根本遵循。首先，中国特色社会主义道路为法治政府建设指明了方向。建设法治政府，最根本的就是要坚定不移地沿着中国特色社会主义道路前进，坚持走中国特色社会主义法治道路。其次，法治政府建设必须坚定不移贯彻中国特色社会主义理论体系，其是法治政府建设的理论指引和行动指南。没有正确的理论，就没有正确的行动。我们党之所以在革命、建设和改革的各个历史时期都能够领导人民不断取得胜利，正确的指导思想是根本前提。因此，推进依法行政，建设法治政府，必须贯彻中国特色社会主义理论体系，确保法治政府建设始终沿着正确的方向前进。最后，法治政府建设必须坚定不移坚持中国特色社会主义制度，这是法治政府建设的制度基础和重要保证。推进依法行政，建设法治政府，必须有助于巩固和发展中国特色社会主义制度，而不能弱化、虚化、动摇乃至否定中国特色社会主义制度。

4. 深化党和国家机构改革，是中国特色社会主义制度的自我完善和发展，是坚持和加强党的全面领导的必然要求，也是推进国家治理体系和治理能力现代化的重大举措。目前，党和国家机构设置和职能配置同统筹推进"五位一体"总体布局和协调推进"四个全面"战略布局的要求还不完全适应；一些领域，党的机构设置和职能配置不够健全有力，党和国家机构重叠、职责交叉、权责脱节，中央和地方机构权责划分也不尽合理。因此，必须与时俱进，深化党和国家机构改革，着力解决党和国家机构设置和职能配置存在的矛盾和问题，进一步推进机构职能优化协同高效、深化央地统筹协调，发挥好中央和地方的两个积极性，破除妨碍党和国家事业发展的壁垒，构建系统完备、科学规范、运行高效的党和国家机构职能体系，建设职能科学、权责法定、执法严明、公开公正、廉洁高效、守法诚信的法治政府，从而满足人民群众日益增长的对美好生活的需要，更好地发挥中国特色社会主义制度的优越性。

六、2020 年全国卷考题回忆版（本题 38 分）

材料：（略）

问题：

根据材料，结合疫情防控，谈谈法治在推进国家治理体系和治理能力现代化中的积极作用。

答题要求：

1. 无观点或论述、照搬材料原文的不得分。

2. 观点正确，表述完整、准确。

3. 总字数不得少于 600 字。

✎ 答题区

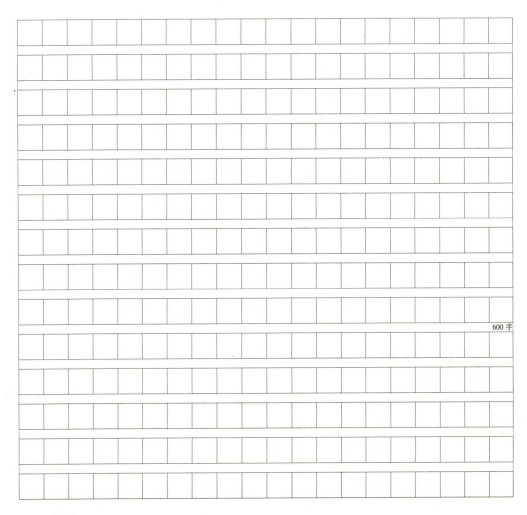

600字

解题思路

　　本题属于复合类考题，既考查了"疫情防控"这一时事热点，也考查了"推进国家治理体系和治理能力现代化"这一政治热点。就第二点来说，国家治理体系和治理能力现代化是党的十九届四中全会的主题，法律职业资格考试自然要结合法治加以考查，而且题目也明示要求回答"法治在推进国家治理体系和治理能力现代化中的积极作用"，因此内容非常明确。而就第一点来说，疫情防控涉及诸多方面，可以从政治、经济、文化、社会、医疗卫生、国民教育、体育等多个角度加以分析。考生往往会感到无从下手，不知道该从哪里切入分析。这时，就需要谨记，我们参加的是法律职业资格考试，因此从法治的角度分析疫情防控，便是我们的身份义务。总之，就答案的框架而言，可以设计如下：

　　1. 疫情防控中法治的作用。

2. 在推进国家治理体系和治理能力现代化过程中法治的作用。

3. 总结升华段落。

参考答案 ▶▶▶

1. 来势凶猛的新冠肺炎疫情是一次危机，也是一次大考。正如习近平总书记所指出的，我国在抗击新冠肺炎疫情过程中所获得的经验和阶段性成效，直接证明了我国国家制度和国家治理体系顽强的韧性和巨大的生命力，彰显了<u>坚持全面依法治国，建设社会主义法治国家，切实保障社会公平正义和人民权利的显著优势</u>。依法治国是党领导人民治理国家的基本方略，依法执政是党治国理政的基本方式。我国《宪法》第 5 条第 1 款明确规定："中华人民共和国实行依法治国，建设社会主义法治国家。"总之，坚持全面依法治国，是中国特色社会主义现代化建设最基本最稳定最可靠的保障。在疫情防控问题上，法治有力地发挥了对疫情防控的引领、规范、保障作用，从立法、执法、司法、守法、监督、保障等各个环节发力，完善疫情防控相关立法，严格执行疫情防控和应急处置法律法规，加大对危害疫情防控行为的执法司法力度，加强疫情防控法治宣传和法律服务，为疫情防控工作提供有力的法治保障。

2. 推进全面依法治国，发挥法治在国家治理体系和治理能力现代化中的积极作用，要着重把握以下五个方面：

<u>首先，必须提高党依法治国、依法执政的能力</u>。党的领导是建设社会主义法治国家的根本保证。全面依法治国决不是要削弱党的领导，而是要加强和改善党的领导，不断提高党领导依法治国的能力和水平，巩固党的执政地位。要进一步推进党的领导入法入规，善于使党的主张通过法定程序成为国家意志、转化为法律法规，推进党的领导制度化、法治化、规范化。各级党组织和党员、干部要强化依法治国、依法执政观念，坚定法治信仰、树牢法治意识、带头厉行法治，提高运用法治思维和法治方式深化改革、推动发展、化解矛盾、维护稳定、应对风险的能力。

<u>其次，用法治保障人民当家作主</u>。只有在党的领导下依法治国、厉行法治，人民当家作主才能充分实现。社会主义法治建设一切都是以保障人民群众根本利益为出发点和落脚点。我们要坚持和完善人民当家作主制度体系，有效保证人民在党的领导下通过各种途径和形式管理国家事务、管理经济和文化事业、管理社会事务。必须健全社会公平正义法治保障制度，使法律及其实施有效体现人民意志、保障人民权益、激发人民创造力。

<u>再次，坚持和完善中国特色社会主义法治体系</u>。法治体系是国家治理体系的骨干工程。建设中国特色社会主义法治体系，包括形成完备的法律规范体系、高效的法治实施体系、严密的法治监督体系、有力的法治保障体系、完善的党内法规体系，涵盖了法治建设各领域、各环节、全过程，为确保中国特色社会主义事业长盛不衰提供了牢靠而持久的法治保障。要坚持依法治国、依法执政、依法行政共同推进，坚持法治国家、法治

政府、法治社会一体建设，不断完善法律规范、法治实施、法治监督、法治保障和党内法规体系，汲取中华传统法律文化精华，吸收借鉴人类法治文明有益成果，坚决抵制西方错误思潮、错误观点的影响，加快建设中国特色社会主义法治体系。

复次，更好发挥法治对改革发展稳定的引领、规范、保障作用。做好改革发展稳定各项工作离不开法治，改革开放越深入越要强调法治，发展环境越复杂越要强调法治。当前，我们面对的改革发展稳定任务之重前所未有，面临的矛盾风险挑战之多前所未有。我们要发挥法治的引领、规范、保障作用，及时把推动改革、促进发展、维护稳定的成果以法律形式固化下来，为构建以国内大循环为主体、国内国际双循环相互促进的新发展格局提供强有力的法治保障，着力于固根基、扬优势、补短板、强弱项，推动各方面制度更加成熟、更加定型，逐步实现国家治理制度化、程序化、规范化、法治化。

最后，建设高素质法治工作队伍。全面推进依法治国，必须着力培养和造就一支忠于党、忠于国家、忠于人民、忠于法律的社会主义法治工作队伍。要加强对法治工作队伍的教育培训，旗帜鲜明把政治建设摆在首位，抓好科学理论武装，教育引导广大法治工作者坚定不移地走中国特色社会主义法治道路。把专业化建设摆到更加重要的位置来抓，突出实战、实用、实效导向，全面提升业务素质和实际工作能力。深化法学教育改革，创新法治人才培养模式，健全法治实务部门与高等院校协同育人机制，提高人才培养质量，为加快建设社会主义法治国家提供有力人才保障。

3. 总之，必须坚持在法治轨道上推进国家治理体系和治理能力现代化。法治是国家治理体系和治理能力的重要依托。只有全面依法治国才能有效保障国家治理体系的系统性、规范性、协调性，才能最大限度凝聚社会共识。在统筹推进伟大斗争、伟大工程、伟大事业、伟大梦想的实践中，在全面建设社会主义现代化国家新征程上，我们要更加重视法治、厉行法治，更好发挥法治固根本、稳预期、利长远的重要作用，坚持依法应对重大挑战、抵御重大风险、克服重大阻力、解决重大矛盾。

七、2020 年新疆延考区试卷考题回忆版（本题 32 分）

材料：（略）

问题：

根据以上材料，结合《民法典》的颁布，谈谈你对健全和完善中国特色社会主义法治体系的理解。

答题要求：

1. 无观点或论述、照搬材料原文的不得分。

2. 观点正确，表述完整、准确。

3. 总字数不得少于 600 字。

答题区

600 字

解题思路

　　本题属于复合类考题，既考查了《民法典》的颁布这一时事热点，也考查了"健全和完善中国特色社会主义法治体系"这一习近平法治思想的核心考点。就《民法典》的颁布而言，因为只需要写一段，所以不需要长篇大论，只强调其具有重大意义即可；就中国特色社会主义法治体系的健全和完善而言，则需要详细罗列其五个方面的内容，各写一段，要有具体的细节。因此，写作框架可以设计如下：

　　1.《民法典》颁布的重大意义。

　　2. 中国特色社会主义法治体系的健全和完善

　　（1）形成完备的法律规范体系；

　　（2）形成高效的法治实施体系；

　　（3）形成严密的法治监督体系；

　　（4）形成有力的法治保障体系；

（5）形成完善的党内法规体系。

3. 总结升华段落。

参考答案 ▶▶

1. 《民法典》系统整合了新中国成立以来长期实践形成的民事法律规范，汲取了中华民族五千多年优秀法律文化，借鉴了人类法治文明建设的有益成果，是一部体现我国社会主义性质、符合人民利益和愿望、顺应时代发展要求的民法典，是一部体现对生命健康、财产安全、交易便利、生活幸福、人格尊严等各方面权利平等保护的民法典，是一部具有鲜明中国特色、实践特色、时代特色的民法典。《民法典》在中国特色社会主义法律体系中具有重要地位，是一部固根本、稳预期、利长远的基础性法律，对推进全面依法治国、加快建设社会主义法治国家，对发展社会主义市场经济、巩固社会主义基本经济制度，对坚持以人民为中心的发展思想、依法维护人民权益、推动我国人权事业发展，对推进国家治理体系和治理能力现代化，都具有重大意义。

2. 中国特色社会主义法治体系总揽全局、牵引各方，是全面推进依法治国的总抓手。具体而言，加快建设中国特色社会主义法治体系，就是要加快形成完备的法律规范体系、高效的法治实施体系、严密的法治监督体系、有力的法治保障体系，形成完善的党内法规体系，从而把全面依法治国推向前进。

第一，加快形成完备的法律规范体系。法律是治国之重器，良法是善治之前提。目前，我国法律规范体系还存在着一些问题，比如，部分立法不符合客观规律、不能满足人民群众需要，地方保护主义、法律部门化倾向比较严重等。因此，必须继续完善以宪法为统率的中国特色社会主义法律体系，紧紧围绕提高立法质量这个关键，推进科学立法、民主立法、依法立法，把公正、公开、公平原则贯彻于立法全过程，完善立法体制机制，坚持立改废释并举，增强法律法规的及时性、系统性、针对性、有效性，使每一项立法都符合宪法精神、反映人民意志、得到人民拥护。把国家各项事业和各项工作纳入法治轨道。

第二，加快形成高效的法治实施体系。法律的生命力在于实施，法律的权威也在于实施。目前，我国在法治实施方面，有法不依、执法不严、违法不纠现象比较严重。因此，必须加强宪法的监督和实施，同时加快建设执法、司法和守法等方面的体制机制，坚持依法行政，建设法治政府；保证公正司法，提高司法的公信力；增强全民法治观念，推进法治社会建设。最终确保宪法和法律的全面有效实施，让人民群众在每一个案件中感受到公平正义。

第三，加快形成严密的法治监督体系。权力是一把双刃剑，不受监督的权力必然导致腐败。因此，加强党内监督、人大监督、民主监督、行政监督、监察监督、司法监督、审计监督、社会监督、舆论监督制度建设，必须加强对权力运行的制约和监督，努力形成科学有效的权力运行制约和监督体系，增强监督合力和实效。同时，必须认识到，阳光是最好的防腐剂，必须大力推进政务公开、司法公开，让权力在阳光下运行。

第四，加快形成有力的法治保障体系。完善有力的法治保障对全面推进依法治国至关重要。必须切实加强党对全面依法治国的领导，提高依法执政能力和水平，为全面依法治国提供有力的政治和组织保障。着力建设一支忠于党、忠于国家、忠于人民、忠于法律的社会主义法治工作队伍，为全面依法治国提供有力的人才保障。改革和完善不符合法治规律、不利于依法治国的体制机制，为全面依法治国提供完备的制度保障。

第五，加快形成完善的党内法规体系。党内法规既是管党治党的重要依据，也是建设社会主义法治国家的重要保障。因此，必须完善党内法规制定体制机制，加大党内法规的执行力度，构建以党章为核心、内容科学、程序严密、运行有效的党内法规体系，注重党内法规同国家法律的有效衔接和协调，切实提高党依法执政的能力和水平。

3. 总之，中国特色社会主义法治体系的提出，是我们党执政方式的又一次重大转变，是我们党治国理念的又一次飞跃，有助于实现全面推进依法治国的总目标。全面推进依法治国的总目标就是建设中国特色社会主义法治体系，建设社会主义法治国家。具体而言就是：在中国共产党领导下，坚持中国特色社会主义制度，贯彻中国特色社会主义法治理论，形成完备的法律规范体系、高效的法治实施体系、严密的法治监督体系、有力的法治保障体系，形成完善的党内法规体系，坚持依法治国、依法执政、依法行政共同推进，坚持法治国家、法治政府、法治社会一体建设，实现科学立法、严格执法、公正司法、全民守法，促进国家治理体系和治理能力现代化。

八、2021 年全国卷考题回忆版（本题 35 分）

材料：（略）

问题：

结合以上材料，谈谈你对习近平法治思想的核心要义的理解。

答题要求：

1. 无观点或论述、照搬材料原文的不得分。

2. 观点正确，表述完整、准确。

3. 总字数不得少于 600 字。

✎ **答题区**

（此处为答题方格稿纸）

600 字

参考答案 》》

　　习近平法治思想内涵丰富、论述深刻、逻辑严密、系统完备，从历史和现实相贯通、国际和国内相关联、理论和实际相结合上，深刻回答了新时代为什么实行全面依法治国、怎样实行全面依法治国等一系列重大问题。习近平法治思想是顺应实现中华民族伟大复兴时代要求应运而生的重大理论创新成果，是马克思主义法治理论中国化最新成果，是习近平新时代中国特色社会主义思想的重要组成部分，是全面依法治国的根本遵循和行动指南。

　　习近平法治思想的核心要义是指"十一个坚持"，具体论述如下：

　　1. 坚持党对全面依法治国的领导。党的领导是推进全面依法治国的根本保证。国际国内环境越是复杂，改革开放和社会主义现代化建设任务越是繁重，越要运用法治思维和法治手段巩固执政地位、改善执政方式、提高执政能力，保证党和国家长治久安。要加强和改善党的领导，健全党领导全面依法治国的制度和工作机制，推进党的领导制度化、法治化，通过法治保障党的路线方针政策有效实施。

　　2. 坚持以人民为中心。全面依法治国最广泛、最深厚的基础是人民，必须坚持为了人民、依靠人民、造福人民、保护人民。要把体现人民利益、反映人民愿望、维护人民权益、增进人民福祉落实到全面依法治国各领域全过程。推进全面依法治国的根本目的是依法保障人民权益。要积极回应人民群众新要求新期待，系统研究谋划和解决法治领域人民群众反映强烈的突出问题，不断增强人民群众获得感、幸福感、安全感，用法治保障人民安居乐业。

3. 坚持中国特色社会主义法治道路。中国特色社会主义法治道路本质上是中国特色社会主义道路在法治领域的具体体现。既要立足当前，运用法治思维和法治方式解决经济社会发展面临的深层次问题；又要着眼长远，筑法治之基、行法治之力、积法治之势，促进各方面制度更加成熟更加定型，为党和国家事业发展提供长期性的制度保障。要传承中华优秀传统法律文化，从我国革命、建设、改革的实践中探索适合自己的法治道路，同时借鉴国外法治有益成果，为全面建设社会主义现代化国家、实现中华民族伟大复兴夯实法治基础。

4. 坚持依宪治国、依宪执政。党领导人民制定宪法法律，领导人民实施宪法法律，党自身要在宪法法律范围内活动。全国各族人民、一切国家机关和武装力量、各政党和各社会团体、各企业事业组织，都必须以宪法为根本的活动准则，都负有维护宪法尊严、保证宪法实施的职责。坚持依宪治国、依宪执政，要坚持宪法确定的中国共产党领导地位不动摇，坚持宪法确定的人民民主专政的国体和人民代表大会制度的政体不动摇。

5. 坚持在法治轨道上推进国家治理体系和治理能力现代化。法治是国家治理体系和治理能力的重要依托。只有全面依法治国才能有效保障国家治理体系的系统性、规范性、协调性，才能最大限度凝聚社会共识。在统筹推进伟大斗争、伟大工程、伟大事业、伟大梦想的实践中，在全面建设社会主义现代化国家新征程上，我们要更加重视法治、厉行法治，更好发挥法治固根本、稳预期、利长远的重要作用，坚持依法应对重大挑战、抵御重大风险、克服重大阻力、解决重大矛盾。

6. 坚持建设中国特色社会主义法治体系。建设中国特色社会主义法治体系是推进全面依法治国的总抓手。要加快形成完备的法律规范体系、高效的法治实施体系、严密的法治监督体系、有力的法治保障体系，形成完善的党内法规体系。要坚持依法治国和以德治国相结合，实现法治和德治相辅相成、相得益彰。要积极推进国家安全、科技创新、公共卫生、生物安全、生态文明、防范风险、涉外法治等重要领域立法，健全国家治理急需的法律制度、满足人民日益增长的美好生活需要必备的法律制度，以良法善治保障新业态新模式健康发展。

7. 坚持依法治国、依法执政、依法行政共同推进，法治国家、法治政府、法治社会一体建设。全面依法治国是一个系统工程，要整体谋划，更加注重系统性、整体性、协同性。法治政府建设是重点任务和主体工程，要率先突破，用法治给行政权力定规矩、划界限，规范行政决策程序，加快转变政府职能。要推进严格规范公正文明执法，提高司法公信力。普法工作要在针对性和实效性上下功夫，特别是要加强青少年法治教育，不断提升全体公民法治意识和法治素养。要完善预防性法律制度，坚持和发展新时代"枫桥经验"，促进社会和谐稳定。

8. 坚持全面推进科学立法、严格执法、公正司法、全民守法。要继续推进法治领域改革，解决好立法、执法、司法、守法等领域的突出矛盾和问题。公平正义是司法的灵魂和生命。要深化司法责任制综合配套改革，加强司法制约监督，健全社会公平正义法治保障制度，努力让人民群众在每一个司法案件中感受到公平正义。要加快构建规范高效的制约监督体系。要推动扫黑除恶常态化，坚决打击黑恶势力及其"保护伞"，让城乡更安宁、群众更安乐。

9. 坚持统筹推进国内法治和涉外法治。要加快涉外法治工作战略布局，协调推进国内治理和国际治理，更好维护国家主权、安全、发展利益。要强化法治思维、运用法治方式，有效应对挑战、防范风险，综合利用立法、执法、司法等手段开展斗争，坚决维护国家主权、尊严和核心利益。要推动全球治理体系改革，推动构建人类命运共同体。

10. 坚持建设德才兼备的高素质法治工作队伍。要加强理想信念教育，深入开展社会主义核心价值观和社会主义法治理念教育，推进法治专门队伍革命化、正规化、专业化、职业化，确保做到忠于党、忠于国家、忠于人民、忠于法律。要教育引导法律服务工作者坚持正确政治方向，依法依规诚信执业，认真履行社会责任。

11. 坚持抓住领导干部这个"关键少数"。各级领导干部要坚决贯彻落实党中央关于全面依法治国的重大决策部署，带头尊崇法治、敬畏法律、了解法律、掌握法律，不断提高运用法治思维和法治方式深化改革、推动发展、化解矛盾、维护稳定、应对风险的能力，做尊法学法守法用法的模范。要力戒形式主义、官僚主义，确保全面依法治国各项任务真正落到实处。

九、2021 年延考区考题之一回忆版（本题 35 分）

材料：（略）

问题：

根据材料，结合你对习近平法治思想鲜明特色的理解，论述全面依法治国必须坚持以人民为中心的根本立场。

答题要求：

1. 无观点或论述、照搬材料原文的不得分。

2. 观点正确，表述完整、准确。

3. 总字数不得少于 600 字。

答题区

600 字

参考答案

1. 习近平法治思想内涵丰富、论述深刻、逻辑严密、系统完备，用"十一个坚持"对全面依法治国进行阐明部署，都是涉及理论和实践的方向性、根本性、全局性的重大问题，具有原创性、系统性、时代性、人民性和实践性等鲜明特色。其中，人民性是习近平法治思想最鲜明的品格。习近平总书记强调，法治建设要为了人民、依靠人民、造福人民、保护人民，把体现人民利益、反映人民愿望、维护人民权益、增进人民福祉落实到全面依法治国各领域全过程，不断增强人民群众的获得感、幸福感和安全感。

2. 全面依法治国必须坚持以人民为中心。人民立场是中国共产党的根本政治立场。习近平总书记强调："必须牢记我们的共和国是中华人民共和国，始终要把人民放在心中最高的位置，始终全心全意为人民服务，始终为人民利益和幸福而努力工作。"以人民为中心是新时代坚持和发展中国特色社会主义的根本立场，是中国特色社会主义法治的本质要求。

首先，必须坚持人民主体地位。人民是依法治国的主体和力量源泉。坚持人民主体地位，必须把以人民为中心的发展思想融入到全面依法治国的伟大实践中。一方面，必须保证人民在党的领导下依照法律规定通过各种途径和形式管理国家事务，管理经济和文化事业，管理社会事务，要把体现人民意志、反映人民愿望、维护人民权益、增进人民福祉落实到全面依法治国各领域全过程，健全民主制度、丰富民主形式、拓宽民主渠道,依法实行民主选举、民主协商、民主决策、民主管理、民主监督。另一方面,也必须使人民认识到法律既是保障自身权利的有力武器,也是必须遵守的行为规范。要增强全社会学法尊法守法用法意识,充分调动起人民群众投身依法治国实践的积极性和主动性,使全体人民都成为社会主义法治的忠实崇尚者、自觉遵守者、坚定捍卫者,使尊法、信法、守法、用法、护法成为全体人民的共同追求。

其次,必须牢牢把握住社会公平正义这一法治价值追求。公平正义是法治的生命线,是中国特色社会主义法治的内在要求。坚持全面依法治国,建设社会主义法治国家,切实保障社会公平正义和人民权利,是社会主义法治的价值追求。全面依法治国必须紧紧围绕保障和促进社会公平正义,把公平正义贯穿到立法、执法、司法、守法的全过程和各方面,紧紧围绕保障和促进社会公平正义来推进法治建设和法治改革,创造更加公平正义的法治环境,努力让人民群众在每一项法律制度、每一个执法决定、每一宗司法案件中都感受到公平正义。

最后,必须依法保障人民权益。习近平总书记指出:"推进全面依法治国,根本目的是依法保障人民权益。随着我国经济社会持续发展和人民生活水平不断提高,人民群众对民主、法治、公平、正义、安全、环境等方面的要求日益增长。"推进全面依法治国,必须切实保障公民的人身权、财产权、人格权和基本政治权利,保证公民经济、文化、社会等各方面权利得到落实。非因法定事由、非经法定程序不得限制、剥夺公民、法人和其他组织的权利。必须着力解决人民群众最关切的公共安全、权益保障、公平正义问题,努力维护最广大人民的根本利益,保障人民群众对美好生活的向往和追求,不断增强人民群众获得感、幸福感、安全感,用法治保障人民安居乐业。

3. 总之,全面依法治国必须坚持以人民为中心。坚持以人民为中心,深刻回答了推进全面依法治国,建设社会主义法治国家为了谁、依靠谁的问题。习近平总书记强调:"人民是我们党的工作的最高裁决者和最终评判者。"在新时代,身处新发展阶段,全面深化改革、全面推进依法治国、全面建设中国特色社会主义现代化强国、全面从严治党,实现"两个一百年"的奋斗目标和中华民族伟大复兴的中国梦,必须坚持以人民为中心。

十、2021年延考区考题之二回忆版(本题35分)

材料一:法学学科体系建设对于法治人才培养至关重要。我们有我们的历史文化,有我们的体制机制,有我们的国情,我们的国家治理有其他国家不可比拟的特殊性和复杂性,也有我们自己长期积累的经验和优势,在法学学科体系建设上要有底气、有自信。要以我为主、兼收并蓄、突出特色,深入研究和解决好为谁教、教什么、教给谁、怎样教的问题,努力以中国智慧、中国实践为世界法治文明建设作出贡献。对世界上的优秀法治文明成果,要积极吸收借鉴,也要加以甄别,有选择地吸收和转化，不能囫囵吞枣、照搬照抄。

　　　　　　——摘自习近平总书记在中国政法大学考察时的重要讲话

　　材料二：中国特色社会主义道路、理论体系、制度是全面推进依法治国的根本遵循。必须从我国基本国情出发，同改革开放不断深化相适应，总结和运用党领导人民实行法治的成功经验，围绕社会主义法治建设重大理论和实践问题，推进法治理论创新，发展符合中国实际、具有中国特色、体现社会发展规律的社会主义法治理论，为依法治国提供理论指导和学理支撑。汲取中华法律文化精华，借鉴国外法治有益经验，但决不照搬外国法治理念和模式。

　　　　　　——摘自《中共中央关于全面推进依法治国若干重大问题的决定》

　　问题：

　　根据以上材料，结合从中国实际出发的原则，谈谈坚持建设德才兼备的高素质法治工作队伍的意义和措施。

　　答题要求：

　　1. 无观点或论述、照搬材料原文的不得分。

　　2. 观点正确，表述完整、准确。

　　3. 总字数不得少于 600 字。

✏️ **答题区**

600 字

参考答案

1. 建设德才兼备的高素质法治工作队伍是推进全面依法治国的一项基础性工作。全面推进依法治国，必须建设一支德才兼备的高素质法治工作队伍。习近平总书记指出："研究谋划新时代法治人才培养和法治队伍建设长远规划，创新法治人才培养机制，推动东中西部法治工作队伍均衡布局，提高法治工作队伍思想政治素质、业务工作能力、职业道德水准，着力建设一支忠于党、忠于国家、忠于人民、忠于法律的社会主义法治工作队伍，为加快建设社会主义法治国家提供有力人才保障。"

2. 要坚持把法治工作队伍建设作为全面依法治国的基础性工作，大力推进法治专门队伍革命化、正规化、专业化、职业化，培养造就一大批高素质法治人才及后备力量。

首先，加强法治专门队伍建设。要坚持把政治标准放在首位，加强科学理论武装，坚持用习近平新时代中国特色社会主义思想特别是习近平法治思想武装头脑，深入开展理想信念教育，深入开展社会主义核心价值观教育，不断打牢高举旗帜、听党指挥、忠诚使命的思想基础，永葆忠于党、忠于国家、忠于人民、忠于法律的政治本色。要把强化公正廉洁的职业道德作为必修课，自觉用法律职业伦理约束自己，信仰法治、坚守法治，培育职业良知，坚持严格执法、公正司法，树立惩恶扬善、执法如山的浩然正气，杜绝办"金钱案""权力案""人情案"。

其次，加强法律服务队伍建设。法律服务队伍是全面依法治国的重要力量。要加强法律服务队伍建设，引导法律服务工作者坚持正确政治方向。要充分发挥律师在全面依法治国中的重要作用，加强律师队伍思想政治建设，完善律师执业保障机制，建设一支拥护党的领导、拥护社会主义法治的高素质律师队伍。要加强公证员、基层法律服务工作者、人民调解员队伍建设，推动法律服务志愿者队伍建设。建立激励法律服务人才跨区域流动机制，逐步解决基层和欠发达地区法律服务资源不足和高端人才匮乏问题。

最后，创新法治人才培养机制。高校作为法治人才培养的第一阵地，要充分利用学科齐全、人才密集的优势，加强法治及其相关领域基础性问题的研究，为完善中国特色社会主义法治体系、建设社会主义法治国家提供理论支撑。要大力加强法学学科体系建设，认真总结法学教育和法治人才培养经验和优势，探索建立适应新时代全面依法治国伟大实践需要的法治人才培养机制。要强化法学教育实践环节，处理好法学知识和法治实践教学的关系，将立法执法司法实务工作部门的优质法治实践资源引进高校课堂，加强法学教育、法学研究工作者和法治实务工作者之间的交流。坚持以我为主、兼收并蓄、突出特色，积极吸收借鉴世界上的优秀法治文明成果，有甄别、有选择地吸收和转化，不能囫囵吞枣、照搬照抄，努力以中国智慧、中国实践为世界法治文明建设作出贡献。

十一、2022 年考题回忆版（本题 35 分）

材料：（略）

问题：

根据材料，结合习近平法治思想，谈谈改革重构司法权力配置和运行机制的重大成就和意义。

答题要求：

1. 无观点或论述、照搬材料原文的不得分。

2. 观点正确，表述完整、准确。

3. 总字数不得少于 600 字。

✎ **答题区**

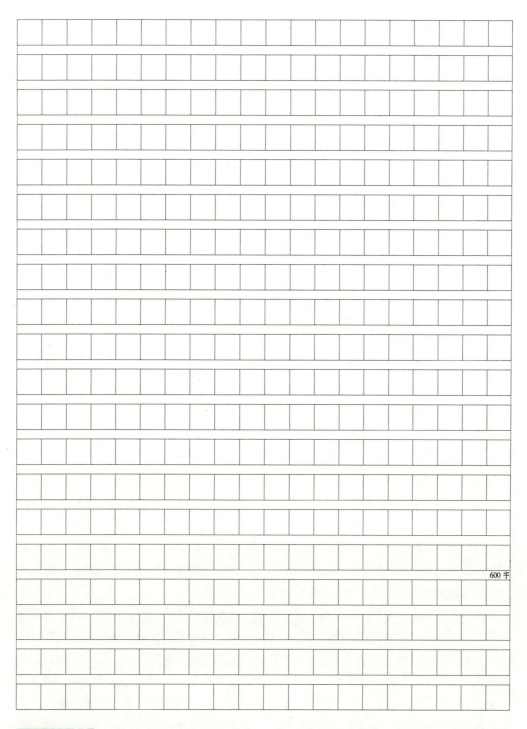

600 字

参考答案▶▶

　　1. 习近平法治思想内涵丰富、论述深刻、逻辑严密、系统完备，从历史和现实相贯通、国际和国内相关联、理论和实际相结合上，深刻回答了新时代为什么要实行全面依法治国、怎样实行全面依法治国等一系列重大问题，为深入推进全面依法治国、加快建设社会主义法治国家，运用制度威力应对风险挑战，实现党和国家长治久安，全面建设社会主义现代化国家、实现中华民族伟大复兴的中国梦，提供了科学指南。

2. 改革重构司法权力配置和运行机制，是社会主义司法制度的自我完善和发展，是推进司法公正的必然要求，也是推进国家治理体系和治理能力现代化的重大举措。目前的司法权力配置和运行机制同统筹推进"五位一体"总体布局和协调推进"四个全面"战略布局的要求还不完全适应，司法机关机构的设置和职能配置还存在机构重叠、职责交叉、权责脱节等不尽合理的缺陷。因此，必须与时俱进改革重构司法权力配置和运行机制，着力解决司法机关机构设置和职能配置存在的矛盾和问题，进一步推进司法机关机构职能优化、协同高效、统筹协调，调动各方面的积极性，破除妨碍司法制度发展的壁垒，构建系统完备、科学规范、公开公正、廉洁高效的司法权力运行体系，从而满足人民群众日益增长的对公正司法的需要，更好地发挥社会主义制度优越性。

首先，改革重构司法权力配置和运行机制，必须推进公正司法。权利的最终救济、纠纷的最终解决是在司法环节。习近平总书记强调："要懂得'100−1＝0'的道理，一个错案的负面影响足以摧毁99个公正裁判积累起来的良好形象。""人民群众每一次求告无门、每一次经历冤假错案，损害的都不仅仅是他们的合法权益，更是法律的尊严和权威，是他们对社会公平正义的信心。"因此，必须依法公正对待人民群众的诉求，解决影响司法公正和制约司法能力的深层次问题，努力让人民群众在每一个司法案件中感受到公平正义。

其次，改革重构司法权力配置和运行机制，必须坚持司法为民。公正司法事关人民切身利益，事关社会和谐稳定，是我国司法工作的内在追求和价值目标。习近平总书记指出："所谓公正司法，就是受到侵害的权利一定会得到保护和救济，违法犯罪活动一定要受到制裁和惩罚。"必须加强人权司法保障，强化诉讼过程中当事人和其他诉讼参与人的知情权、陈述权、辩护辩论权、申请权、申诉权的制度保障，健全落实罪刑法定、疑罪从无、非法证据排除等法律原则的法律制度，加强对刑讯逼供和非法取证的源头预防，健全冤假错案有效防范、及时纠正机制。

最后，改革重构司法权力配置和运行机制，必须推进司法公开，加强对司法活动的监督。阳光是最好的防腐剂。推进阳光司法，以公开促公正、以公开树公信、以公开保廉洁，增强主动公开、主动接受监督的意识，依法及时公开司法依据、程序、流程、结果和裁判文书，让暗箱操作没有空间，让司法腐败无法藏身。同时，必须加强对司法活动的监督，发挥纪检监察监督的作用，完善人民检察院对司法活动进行监督的范围、方式、程序和保障措施，完善人民监督员制度，重视和规范舆论监督，让公正司法真正成为维护社会公平正义的最后一道防线。

第 5 章

••• 论述题的备考素材 •••

第一节　坚持党对全面依法治国的领导
——全面依法治国的根本保证

一、党的领导是中国特色社会主义法治之魂

党的领导是中国特色社会主义最本质的特征，是中国特色社会主义制度的最大优势，是社会主义法治最根本的保证。习近平总书记指出："党的领导是中国特色社会主义法治之魂，是我们的法治同西方资本主义国家的法治最大的区别。"离开了党的领导，全面依法治国就难以有效推进，社会主义法治国家就建不起来。

党政军民学，东西南北中，党是领导一切的。为什么我国能保持长期稳定，没有乱？根本的一条就是我们始终坚持共产党领导。中国共产党是中国特色社会主义事业的领导核心，是国家最高政治领导力量。党的领导地位不是自封的，是历史和人民选择的，是由党的性质决定的，是由我国宪法明文规定的。我国宪法以国家根本法的形式，确认了党领导人民进行革命、建设、改革的伟大斗争和根本成就，确认了中国共产党的执政地位，确认了党在国家政权结构中总揽全局、协调各方的核心地位，为我们党长期执政提供了根本法律依据。

二、坚持党的领导、人民当家作主、依法治国有机统一

习近平总书记指出："全面依法治国，核心是坚持党的领导、人民当家作主、依法治国有机统一。"把坚持党的领导、人民当家作主、依法治国有机统一起来，是我国社会主义法治建设的一条基本经验。

党的领导是人民当家作主和依法治国的根本保证，人民当家作主是社会主义民主政治的本质特征，依法治国是党领导人民治理国家的基本方式，三者统一于我国社会主义民主政治伟大实践。

1. 坚持党的领导、人民当家作主、依法治国有机统一，最根本的是坚持党的领导。在我国政治生活中，党是居于领导地位的，加强党的集中统一领导，支持人大、政府、政协和监察委、法院、检察院依法依章程履行职能、开展工作、发挥作用，这两个方面是统一的。坚持党的领导，就是要支持人民当家作主，实施好依法治国这个党领导人民治理国家的基本方式。我们必须坚持党总揽全局、协调各方的领导核心作用，通过人民代表大会制度，保证党的路线方针政策和决策部署在国家工作中得到全面贯彻和有效执行。不能把坚持党的领导同人民当家作主、依法治国对立起来，更不能用人民当家作主、依法治国来动摇和否定党的领导。那样做在思想上是错误的，在政治上是十分危险的。

2. 人民当家作主是社会主义民主政治的本质和核心。没有民主就没有社会主义，就没有社会主义的现代化，就没有中华民族伟大复兴。我们要坚持国家一切权力属于人民的宪法理念，最广泛地动员和组织人民依照宪法和法律规定，通过各级人民代表大会行使国家权力，通过各种途径和形式管理国家和社会事务、管理经济和文化事业，共同建设、共同享有、共同发展，成为国家、社会和自己命运的主人。坚持人民当家作主，充分调动人民积极性，始终是我们党立于不败之地的强大根基。

3. 发展人民民主必须坚持依法治国、维护宪法法律权威，使民主制度化、法律化，使这种制度和法律不因领导人的改变而改变，不因领导人的看法和注意力的改变而改变。我们必须坚持把法治作为治国理政的基本方式，不断把法治中国建设推向前进。要通过人民代表大会制度，弘扬社会主义法治精神，依照人民代表大会及其常委会制定的法律法规来展开和推进国家各项事业和各项工作，保证人民平等参与、平等发展权利，维护社会公平正义，尊重和保障人权，实现国家各项工作法治化。

三、坚持党领导立法、保证执法、支持司法、带头守法

全面依法治国，关键在于坚持党领导立法、保证执法、支持司法、带头守法。习近平总书记指出："坚持党的领导，不是一句空的口号，必须具体体现在党领导立法、保证执法、支持司法、带头守法上。"

一方面，要坚持党总揽全局、协调各方的领导核心作用，统筹依法治国各领域工作，确保党的主张贯彻到依法治国全过程和各方面。另一方面，要改善党对依法治国的领导，不断提高党领导依法治国的能力和水平。党既要坚持依法治国、依法

执政，自觉在宪法法律范围内活动，又要发挥好各级党组织和广大党员干部在依法治国中的政治核心作用和先锋模范作用。

1. 坚持党领导立法

法是党的主张和人民意愿的统一体现，必须加强党对立法工作的领导，完善党委领导、人大主导、政府依托、各方参与的立法工作格局。党中央领导全国立法工作、研究决定国家立法工作中的重大问题，有立法权地方的党委按照党中央大政方针领导本地区立法工作。凡立法涉及重大体制和重大政策调整的，必须报党中央讨论决定。党中央向全国人大提出宪法修改建议，依照宪法规定的程序进行宪法修改。法律制定和修改的重大问题由全国人大常委会党组向党中央报告。

2. 坚持党保证执法

执法是行政机关履行政府职能、管理经济社会事务的主要方式。对执法机关严格执法，只要符合法律和程序的，各级党委和政府都要给予支持和保护，不能认为执法机关给自己找了麻烦，也不要担心会给自己的形象和政绩带来不利影响。党员干部要敢于担当，严格执法就是很重要的担当。该严格执法的没有严格执法，该支持和保护严格执法的没有支持和保护，就是失职，就应当依法依规追究责任。

3. 坚持党支持司法

保证司法机关依法独立公正行使职权是我们党的明确主张。吸取"文化大革命"的教训，党的十一届三中全会就明确提出"检察机关和司法机关要保持应有的独立性"。我国宪法规定，人民法院、人民检察院依照法律规定独立行使审判权、检察权，不受行政机关、社会团体和个人的干涉。一些领导干部对此认识不清、把握不准，有的该管的不敢管、不会管，怕人家说以权压法、以言代法；有的对政法部门职责范围内的事情管得过多过细，管了一些不该管、管不好的具体业务工作；有的甚至为了一己私利，插手和干预司法个案。党对政法工作的领导是管方向、管政策、管原则、管干部，不是包办具体事务，不要越俎代庖，领导干部更不能借党对政法工作的领导之名对司法机关工作进行不当干预。

4. 坚持党带头守法

全党在宪法法律范围内活动，是我们党的高度自觉，也是坚持党的领导的具体体现。坚持党带头守法，要求各级党组织、各级领导干部必须带头依法办事，带头遵守法律。要对宪法和法律保持敬畏之心，牢固确立法律红线不能触碰、法律底线不能逾越的观念，不要去行使依法不该由自己行使的权力，也不要去干预依法自己不能干预的事情，做到法律面前不为私心所扰、不为人情所困、不为关系所累、不为利益所惑。

四、健全党领导全面依法治国的制度和工作机制

习近平总书记指出："全面推进依法治国是一个系统工程，是国家治理领域一场广泛而深刻的革命，必须加强党对法治工作的组织领导。"要不断完善党的领导体制和工作机制，把党的领导贯彻到全面依法治国全过程和各方面。

1. 要加强和完善党的领导

必须坚持党总揽全局、协调各方的领导核心作用，把依法治国、依法执政、依法行政统一起来，把党总揽全局、协调各方同人大、政府、政协、监察机关、审判机关、检察机关依法依章程履行职能、开展工作统一起来，把党领导人民制定和实施宪法法律同党坚持在宪法法律范围内活动统一起来，善于使党的主张通过法定程序成为国家意志，善于使党组织推荐的人选通过法定程序成为国家政权机关的领导人员，善于通过国家政权机关实施党对国家和社会的领导，善于运用民主集中制原则维护党和国家权威、维护全党全国团结统一。

2. 加强中央全面依法治国委员会的领导

为了加强党中央对法治中国建设的集中统一领导，健全党领导全面依法治国的制度和工作机制，更好落实全面依法治国基本方略，党的十九届三中全会决定组建中央全面依法治国委员会，这是我们党历史上第一次设立这样的机构。成立这个委员会，是贯彻落实党的十九大精神、加强党对全面依法治国集中统一领导的需要，是研究解决依法治国重大事项、重大问题，协调推进中国特色社会主义法治体系和社会主义法治国家建设的需要，是推动实现"两个一百年"奋斗目标，为实现中华民族伟大复兴中国梦提供法治保障的需要。当前，立法、执法、司法、守法等方面都存在不少薄弱环节，法治领域改革面临许多难啃的硬骨头，迫切需要从党中央层面加强统筹协调。委员会统筹推进全面依法治国工作，有利于强化党中央在科学立法、严格执法、公正司法、全民守法等方面的领导，更加有力地推动中央决策部署贯彻落实，在统筹推进伟大斗争、伟大工程、伟大事业、伟大梦想的实践中，在全面建设社会主义现代化国家的新征程上，更好发挥法治固根本、稳预期、利长远的保障作用。

习近平总书记强调："委员会是管宏观、谋全局、抓大事的，要站得高一些、看得远一些、想得深一些，既要破解当下突出问题，又要谋划长远工作，把主要精力放在顶层设计上。"委员会在全面依法治国重大决策、重大问题上居于牵头抓总的位置，能够把全面依法治国放到党和国家工作大局中去思考，主动谋划和确定中国特色社会主义法治体系建设的总体思路、重点任务，研究提出战略性、前瞻性的方案；能够做好全面依法治国重大问题的运筹谋划、科学决策，实现集中领导、高

效决策、统一部署；能够统筹整合各方面资源和力量推进全面依法治国，重点推动解决部门、地方解决不了的重大事项，协调解决部门、地方之间存在分歧的重大问题。党中央成立中央全面依法治国委员会，不是要替代哪个部门，而是要支持人大、政府、政协、监察机关、审判机关、检察机关依法依章程履行职能，做到总揽不包办、统筹不代替、到位不越位。

3. 各级党委要健全党领导依法治国的制度和工作机制，履行对本地区本部门法治工作的领导责任

完善党委依法决策机制，发挥政策和法律的各自优势，促进党的政策和国家法律互联互动。党委要定期听取政法机关工作汇报，做促进公正司法、维护法律权威的表率。党政主要负责人要履行推进法治建设第一责任人职责。各级党委要领导和支持工会、共青团、妇联等人民团体和社会组织在依法治国中积极发挥作用。各级人大、政府、政协、监察机关、审判机关、检察机关的党组织要领导和监督本单位模范遵守宪法法律，坚决查处执法犯法、违法用权等行为。

4. 党委政法委是党委领导和管理政法工作的职能部门，是实现党对政法工作领导的重要组织形式

党委政法委要明确职能定位，善于议大事、抓大事、谋全局，把握政治方向、协调各方职能、统筹政法工作、建设政法队伍、督促依法办事、创造执法环境，保障党的路线方针政策贯彻落实，保障宪法法律统一正确实施，推动落实依法治国，推动法治中国建设。党委政法委要带头在宪法法律范围内活动，善于运用法治思维和法治方式领导政法工作，在推进国家治理体系和治理能力现代化中发挥重要作用。

五、正确处理党和法的关系（政治和法治的关系）

党和法的关系是一个根本问题，处理得好，则法治兴、党兴、国家兴；处理得不好，则法治衰、党衰、国家衰。习近平总书记指出："党的领导和社会主义法治是一致的，社会主义法治必须坚持党的领导，党的领导必须依靠社会主义法治。"

1. 社会主义法治必须坚持党的领导

坚持党的领导，是社会主义法治的根本要求，是党和国家的根本所在、命脉所在，是全国各族人民的利益所系、幸福所系，是全面推进依法治国的题中应有之义。依法治国是我们党提出来的，把依法治国上升为党领导人民治理国家的基本方略也是我们党提出来的，而且党一直带领人民在实践中推进依法治国。只有在党的领导下依法治国、厉行法治，人民当家作主才能充分实现，国家和社会生活法治化才能有序推进。把党的领导贯彻到依法治国全过程和各方面，是我国社会主义法治建设的一条基本经验。

2. 党的领导必须依靠社会主义法治

全面依法治国是坚持和发展中国特色社会主义的本质要求和重要保障。我们党是世界上最大的执政党，领导着世界上人口最多的国家，要掌好权、执好政，更好把十四亿多人民组织起来、动员起来，必须坚持全面依法治国。国际国内环境越是复杂，改革开放和社会主义现代化建设任务越是繁重，越要运用法治思维和法治方式巩固执政地位、改善执政方式、提高执政能力，保证党和国家长治久安。全面依法治国决不是要削弱党的领导，而是要加强和改善党的领导，不断提高党领导依法治国的能力和水平，巩固党的执政地位。

3. "党大还是法大"是一个政治陷阱，是一个伪命题

对这个问题，我们不能含糊其辞、语焉不详，要明确予以回答。党和法、党的领导和依法治国不是对立的，而是高度统一的。我国法律充分体现了党和人民意志，我们党依法办事，这个关系是相互统一的关系。党领导人民制定宪法法律，党领导人民实施宪法法律，党自身必须在宪法法律范围内活动。这是我们党深刻总结新中国成立以来正反两方面历史经验，特别是"文化大革命"惨痛教训之后得出的重要结论，是我们党治国理政必须遵循的一项重要原则。要推进党的领导制度化、法治化，这既是加强党的领导的应有之义，也是法治建设的重要任务。之所以说不存在"党大还是法大"的问题，是把党作为一个执政整体而言的，是指党的执政地位和领导地位而言的，具体到每个党政组织、每个领导干部，就必须服从和遵守宪法法律，就不能以党自居，就不能把党的领导作为个人以言代法、以权压法、徇私枉法的挡箭牌。习近平总书记指出，我们有些事情要提交党委把握，但这种把握不是私情插手，不是包庇性的干预，而是一种政治性、程序性、职责性的把握。这个界线一定要划分清楚。

4. "权大还是法大"是个真命题

如果说"党大还是法大"是一个伪命题，那么对各级党政组织、各级领导干部来说，"权大还是法大"则是一个真命题。纵观人类政治文明史，权力是一把"双刃剑"，在法治轨道上行使可以造福人民，在法律之外行使则必然祸害国家和人民。为什么党内这么多高级干部走上犯罪的道路？根本原因在于理想信念动摇了，但对党纪国法没有敬畏之心也是一个重要原因。对各级领导干部，不管什么人，不管涉及谁，只要违反法律就要依法追究责任，绝不允许出现执法和司法的"空挡"。

六、坚持依法治国和依规治党有机统一

全面依法治国，必须坚持依法治国和依规治党有机统一，加快形成覆盖党的领导和党的建设各方面的党内法规体系，增强党依法执政本领，提高管党治党水平，

确保党始终成为中国特色社会主义事业的坚强领导核心。

习近平总书记强调："依规治党深入党心，依法治国才能深入民心。"新形势下，我们党要履行好执政兴国的重大历史使命、赢得具有许多新的历史特点的伟大斗争胜利、实现党和国家的长治久安，必须坚持依法治国与制度治党、依规治党统筹推进、一体建设。要发挥依法治国和依规治党的互补性作用，确保党既依据宪法法律治国理政，又依据党内法规管党治党、从严治党。

1. 党规党纪严于国家法律

在我们国家，法律是对全体公民的要求，党内法规制度是对全体党员的要求，而且很多地方比法律的要求更严格。我们党是先锋队，对党员的要求应该更严。党的各级组织和广大党员干部不仅要模范遵守国家法律，而且要按照党规党纪以更高标准严格要求自己，坚定理想信念，践行党的宗旨，坚决同违法乱纪行为作斗争。对违反党规党纪的行为必须严肃处理，对苗头性倾向性问题必须抓早抓小，防止小错酿成大错、违纪走向违法。

2. 要正确处理党的政策和国家法律的关系

我们党的政策和国家法律都是人民根本意志的反映，在本质上是一致的。党的政策是国家法律的先导和指引，是立法的依据和执法司法的重要指导。要善于通过法定程序使党的主张成为国家意志、形成法律，通过法律保障党的政策有效实施，确保党发挥总揽全局、协调各方的领导核心作用。党的政策成为国家法律后，实施法律就是贯彻党的意志，依法办事就是执行党的政策。要自觉维护党的政策和国家法律的权威性，确保党的政策和国家法律得到统一正确实施，不能把两者对立起来、割裂开来。

第二节　坚持以人民为中心
——全面依法治国的根本立场

一、以人民为中心是中国特色社会主义法治的本质要求

1. ［一般论述：党］人民群众是我们党的力量源泉，人民立场是中国共产党的根本政治立场。

2. ［一般论述：国家］必须牢记我们的共和国是中华人民共和国，始终要把人民放在心中最高的位置，始终全心全意为人民服务，始终为人民利益和幸福而努力工作。

3. ［一般论述：社会主义法治］以人民为中心是新时代坚持和发展中国特色社

会主义的根本立场，是中国特色社会主义法治的本质要求。坚持以人民为中心，深刻回答了推进全面依法治国，建设社会主义法治国家为了谁、依靠谁的问题。

4.［人民是基础，也是目的］全面依法治国最广泛、最深厚的基础是人民，推进全面依法治国的根本目的是依法保障人民权益。

（1）［党的工作：人民是支持者，也是评价者］我们党的宏伟奋斗目标，离开了人民支持就绝对无法实现。我们党的执政水平和执政成效都不是由自己说了算，必须而且只能由人民来评判。人民是我们党的工作的最高裁决者和最终评判者。

（2）［国家制度和国家治理体系］始终代表最广大人民根本利益，保证人民当家作主，体现人民共同意志，维护人民合法权益，是我国国家制度和国家治理体系的本质属性，也是国家制度和国家治理体系有效运行、充满活力的根本所在。

（3）［社会主义制度：人民的主体地位］我国社会主义制度保证了人民当家作主的主体地位，也保证了人民在全面推进依法治国中的主体地位。这是我们的制度优势，也是中国特色社会主义法治区别于资本主义法治的根本所在。

二、坚持人民主体地位

（一）人民是主体

1.［以人民为名］我们国家的名称，我们各级国家机关的名称，都冠以"人民"的称号，这是我们对中国社会主义政权的基本定位。

2.［宪法规定］我国《宪法》第2条第1、2款明确规定："中华人民共和国的一切权力属于人民。人民行使国家权力的机关是全国人民代表大会和地方各级人民代表大会。"

（二）坚持人民主体地位，必须把以人民为中心的发展思想融入到全面依法治国的伟大实践中

1.［人民是管理者］要保证人民在党的领导下依照法律规定通过各种途径和形式管理国家事务，管理经济和文化事业，管理社会事务。

2.［全过程民主］坚持人民主体地位，必须坚持法治为了人民、依靠人民、造福人民、保护人民。要把体现人民利益、反映人民愿望、维护人民权益、增进人民福祉落实到全面依法治国各领域全过程，使法律及其实施充分体现人民意志。

3.［权利和自由的保障］要保证人民依法享有广泛的权利和自由、承担应尽的义务。

（1）［效果一］充分调动起人民群众投身依法治国实践的积极性和主动性；

（2）［效果二］使全体人民都成为社会主义法治的忠实崇尚者、自觉遵守者、

坚定捍卫者，使尊法、信法、守法、用法、护法成为全体人民的共同追求。

4. 坚持人民主体地位，要求用法治保障人民当家作主。

（1）［根本政治制度］人民代表大会制度是保障人民主体地位的政权组织形式。坚定不移走中国特色社会主义民主政治发展道路，坚持和完善人民当家作主制度体系，是坚持和完善人民代表大会制度这一根本政治制度的要求。

（2）［基本政治制度］要坚持和完善中国共产党领导的多党合作和政治协商制度、民族区域自治制度、基层群众自治制度等基本政治制度。

（3）［效果］建立健全民主制度，丰富民主形式，拓宽民主渠道，依法实行民主选举、民主协商、民主决策、民主管理、民主监督，保证人民在党的领导下通过各种途径和形式依法管理国家事务，管理经济和文化事业，管理社会事务。

三、牢牢把握社会公平正义这一法治价值追求

1. ［概述：定性］公平正义是法治的生命线，是中国特色社会主义法治的内在要求。坚持全面依法治国，建设社会主义法治国家，切实保障社会公平正义和人民权利，是社会主义法治的价值追求。

2. ［全过程公平］全面依法治国必须紧紧围绕保障和促进社会公平正义，把公平正义贯穿到立法、执法、司法、守法的全过程和各方面，紧紧围绕保障和促进社会公平正义来推进法治建设和法治改革，创造更加公平正义的法治环境，努力让人民群众在每一项法律制度、每一个执法决定、每一宗司法案件中都感受到公平正义。

3. ［人权保障］加强人权法治保障，非因法定事由、非经法定程序不得限制、剥夺公民、法人和其他组织的权利。

四、推进全面依法治国的根本目的是依法保障人民权益

［概述］我们党全心全意为人民服务的根本宗旨，决定了必须始终把人民作为一切工作的中心。

［分论：宏观］习近平总书记指出："推进全面依法治国，根本目的是依法保障人民权益。随着我国经济社会持续发展和人民生活水平不断提高，人民群众对民主、法治、公平、正义、安全、环境等方面的要求日益增长，要积极回应人民群众新要求新期待，坚持问题导向、目标导向，树立辩证思维和全局观念，系统研究谋划和解决法治领域人民群众反映强烈的突出问题，不断增强人民群众获得感、幸福感、安全感，用法治保障人民安居乐业。"

［分论：保障人权＋解决问题］推进全面依法治国，必须切实保障公民的人身权、财产权、人格权和基本政治权利，保证公民经济、文化、社会等各方面权利得

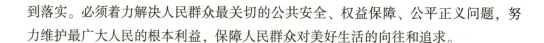

到落实。必须着力解决人民群众最关切的公共安全、权益保障、公平正义问题，努力维护最广大人民的根本利益，保障人民群众对美好生活的向往和追求。

第三节 坚持中国特色社会主义法治道路
——全面依法治国的唯一正确道路

一、全面依法治国必须走对路

道路问题是关系党的事业兴衰成败第一位的问题。习近平总书记指出："全面推进依法治国，必须走对路。如果路走错了，南辕北辙了，那再提什么要求和举措也都没有意义了。"在走什么样的法治道路问题上，必须向全社会释放正确而明确的信号，指明全面推进依法治国的正确方向，统一全党全国各族人民认识和行动。

中国特色社会主义法治道路是建设社会主义法治国家的唯一正确道路。习近平总书记强调，"必须坚定不移走中国特色社会主义法治道路"。中国特色社会主义法治道路是一个管总的东西。具体讲我国法治建设的成就，大大小小可以列举出十几条、几十条。但归结起来就是开辟了中国特色社会主义法治道路这一条。在坚持和拓展中国特色社会主义法治道路这个根本问题上，必须树立自信、保持定力。

法治当中有政治，没有脱离政治的法治。每一种法治形态背后都有一套政治理论，每一种法治模式当中都有一种政治逻辑，每一条法治道路底下都有一种政治立场。我们要坚持的中国特色社会主义法治道路，本质上是中国特色社会主义道路在法治领域的具体体现；我们要发展的中国特色社会主义法治理论，本质上是中国特色社会主义理论体系在法治问题上的理论成果；我们要建设的中国特色社会主义法治体系，本质上是中国特色社会主义制度的法律表现形式。我们国家是中国共产党执政、各民主党派参政，没有反对党，不是三权鼎立、多党轮流坐庄，我国法治体系要跟这个制度相配套。走适合自己的法治道路，决不能照搬别国模式和做法，决不能走西方"宪政""三权鼎立""司法独立"的路子。

二、中国特色社会主义法治道路的核心要义

推进全面依法治国这件大事能不能办好，最关键的是方向是不是正确、政治保证是不是坚强有力，具体讲就是要坚持党的领导，坚持中国特色社会主义制度，贯彻中国特色社会主义法治理论。这三个方面实质上是中国特色社会主义法治道路的核心要义，规定和确保了中国特色社会主义法治体系的制度属性和前进方向。

1. 坚持党的领导

党的领导是全面依法治国的根本保证。坚持中国特色社会主义法治道路，最根本的是坚持中国共产党的领导。对这一点，要理直气壮讲、大张旗鼓讲。要向干部群众讲清楚我国社会主义法治的本质特征，做到正本清源、以正视听。

2. 坚持中国特色社会主义制度

中国特色社会主义制度是中国特色社会主义法治体系的根本制度基础，是全面推进依法治国的根本制度保障。习近平总书记指出："衡量一个社会制度是否科学、是否先进，主要看是否符合国情、是否有效管用、是否得到人民拥护。"当今世界正经历百年未有之大变局，国与国的竞争日益激烈，归根结底是国家制度的竞争。中国发展呈现出"风景这边独好"的局面，这其中很重要的原因就是我国国家制度和法律制度具有显著优越性和强大生命力。实践证明，我们党把马克思主义基本原理同中国具体实际、同中华优秀传统文化结合起来，在古老的东方大国建立起保证亿万人民当家作主的新型国家制度，保障我国创造出经济快速发展、社会长期稳定的奇迹，也为发展中国家走向现代化提供了全新选择，为人类探索建设更好社会制度贡献了中国智慧和中国方案。

3. 贯彻中国特色社会主义法治理论

中国特色社会主义法治理论是中国特色社会主义法治体系的理论指导和学理支撑，是全面推进依法治国的行动指南。全面推进依法治国，法治理论是重要引领。要总结和运用党领导人民实行法治的成功经验，围绕社会主义法治建设重大理论和实践问题，不断丰富和发展符合中国实际、具有中国特色、体现社会发展规律的社会主义法治理论，为依法治国提供理论指导和学理支撑。

三、坚持依法治国和以德治国相结合

法安天下，德润人心。习近平总书记指出："中国特色社会主义法治道路的一个鲜明特点，就是坚持依法治国和以德治国相结合，强调法治和德治两手抓、两手都要硬。"这既是对历史经验的总结，也是对治国理政规律的深刻把握。

1. 法律和道德都具有规范社会行为、调节社会关系、维护社会秩序的作用，在国家治理中都有其地位和功能。法律是准绳，任何时候都必须遵循；道德是基石，任何时候都不可忽视。法律是成文的道德，道德是内心的法律。法律有效实施有赖于道德支持，道德践行也离不开法律约束。法治和德治不可分离，不可偏废，要实现法律和道德相辅相成、法治和德治相得益彰。

古往今来，法治和德治都是治国理政不可或缺的重要手段。我国历史上有十分丰富的礼法并重、德法合治思想。周公主张"明德慎罚""敬德""保民"。孔子提出"为政以德",强调"道之以政,齐之以刑,民免而无耻;道之以德,齐之以礼,有耻且格"。荀子主张"化性起伪",提出"隆礼重法"。西汉董仲舒提出"阳为德,阴为刑",主张治国要"大德而小刑"。尽管古人对德法的地位和作用认识不尽相同,但绝大多数都主张德法并用。通观我国古代历史,法治和德治运用得当的时期,大多能出现较好的治理和发展局面。国外也是这样,凡是治理比较有效的国家,都注重法治,同时注重用道德调节人们的行为。

现代社会,没有法律是万万不能的,但法律也不是万能的。在新的历史条件下,要把依法治国落实好,把法治中国建设好,必须坚持依法治国和以德治国相结合,把法治建设和道德建设紧密结合起来,把他律和自律紧密结合起来,使法治和德治在国家治理中相互补充、相互促进,推进国家治理体系和治理能力现代化。

2. 发挥好法律的规范作用,必须以法治体现道德理念、强化法律对道德建设的促进作用。以法治承载道德理念,道德才有可靠制度支撑。法律法规要树立鲜明道德导向,弘扬美德义行,立法、执法、司法都要体现社会主义道德要求,都要把社会主义核心价值观贯穿其中,使社会主义法治成为良法善治。要把实践中广泛认同、较为成熟、操作性强的道德要求及时上升为法律规范,引导全社会崇德向善。要坚持严格执法,弘扬真善美、打击假恶丑。要坚持公正司法,发挥司法断案惩恶扬善功能。

3. 发挥好道德的教化作用,必须以道德滋养法治精神、强化道德对法治文化的支撑作用。再多再好的法律,必须转化为人们内心自觉才能真正为人们所遵行。"不知耻者,无所不为。"没有道德滋养,法治文化就缺乏源头活水,法律实施就缺乏坚实的社会基础。要在道德体系中体现法治要求,努力使道德体系同社会主义法律规范相衔接、相协调、相促进。要在道德教育中突出法治内涵,注重培育人们的法律信仰、法治观念、规则意识,引导人们自觉履行法定义务、社会责任、家庭责任,营造全社会都讲法治、守法治的文化环境。

4. 要运用法治手段解决道德领域突出问题。法律是道德的底线,也是道德的保障。要加强相关立法工作,明确对失德行为的惩戒措施。要依法加强对群众反映强烈的失德行为的整治。对突出的诚信缺失问题,既要抓紧建立覆盖全社会的征信系统,又要完善守法诚信褒奖机制和违法失信惩戒机制,使人不敢失信、不能失信。对见利忘义、制假售假的违法行为,要加大执法力度,让败德违法者受到惩治、付出代价。

5. 发挥领导干部在依法治国和以德治国中的关键作用。领导干部既应该做全面依法治国的重要组织者、推动者,也应该做道德建设的积极倡导者、示范者。以德修身、以德立威、以德服众,是干部成长成才的重要因素。领导干部要努力成为全社会的道德楷模，带头践行社会主义核心价值观，讲党性、重品行、作表率，带头注重家庭、家教、家风，保持共产党人的高尚品格和廉洁操守，以实际行动带动全社会崇德向善、尊法守法。

四、全面依法治国必须从我国实际出发

走什么样的法治道路、建设什么样的法治体系，是由一个国家的基本国情决定的。"为国也，观俗立法则治，察国事本则宜。不观时俗，不察国本，则其法立而民乱，事剧而功寡。"全面依法治国必须从我国实际出发，同推进国家治理体系和治理能力现代化相适应，既不能罔顾国情、超越阶段，也不能因循守旧、墨守成规。既要立足当前，运用法治思维和法治方式解决经济社会发展面临的深层次问题，又要着眼长远，筑法治之基、行法治之力、积法治之势，促进各方面制度更加成熟更加定型。

1. 我国必须自上而下、自下而上双向互动地推进法治化

从已经实现现代化国家的发展历程看，像英国、美国、法国等西方国家，呈现出来的主要是自下而上的社会演进模式，即适应市场经济和现代化发展需要，经过一二百年乃至二三百年内生演化，逐步实现法治化，政府对法治的推动作用相对较小。像新加坡、韩国、日本等国家，呈现出来的主要是政府自上而下在几十年时间快速推动法治化，政府对法治的推动作用很大。就我国而言，我们要在短短几十年时间内在十四亿多人口的大国实现社会主义现代化，就必须自上而下、自下而上双向互动地推进法治化。

2. 坚持从实际出发，就是要突出中国特色、实践特色、时代特色

习近平总书记强调："我们有我们的历史文化，有我们的体制机制，有我们的国情，我们的国家治理有其他国家不可比拟的特殊性和复杂性，也有我们自己长期积累的经验和优势，不能妄自菲薄，也不能数典忘祖。"全面依法治国，要坚持从国情出发、从实际出发，既要把握长期形成的历史传承，又要把握走过的发展道路、积累的政治经验、形成的政治原则，还要把握现实要求，着眼解决现实问题，不能割断历史。

3. 要挖掘和传承中华法律文化精华，汲取营养、择善而用

自古以来，我国形成了世界法制史上独树一帜的中华法系，积淀了深厚的法律文化。中华法系形成于秦朝，到隋唐时期逐步成熟，《唐律疏议》是代表性的法典，清末以后中华法系影响日渐衰微。与大陆法系、英美法系、伊斯兰法系等不同，中华法系是在我国特定历史条件下形成的，显示了中华民族的伟大创造力和中华法制文明的深厚底蕴。中华法系凝聚了中华民族的精神和智慧，有很多优秀的思想和理

念值得传承。出礼入刑、隆礼重法的治国策略，民惟邦本、本固邦宁的民本理念，天下无讼、以和为贵的价值追求，德主刑辅、明德慎罚的慎刑思想，援法断罪、罚当其罪的平等观念，保护鳏寡孤独、老幼妇残的恤刑原则等，都彰显了中华优秀传统法律文化的智慧。近代以后，不少人试图在中国照搬西方法治模式，但最终都归于失败。历史和现实告诉我们，只有传承中华优秀传统法律文化，从我国革命、建设、改革的实践中探索适合自己的法治道路，同时借鉴国外法治有益成果，才能为全面建设社会主义现代化国家、实现中华民族伟大复兴夯实法治基础。

4. 坚持从我国实际出发，不等于关起门来搞法治

法治是人类文明的重要成果之一，法治的精髓和要旨对于各国国家治理和社会治理具有普遍意义，要学习借鉴世界上优秀的法治文明成果。但是，学习借鉴不等于是简单的拿来主义，基本的东西必须是我们自己的，我们只能走自己的道路。必须坚持以我为主、为我所用，认真鉴别、合理吸收，不能搞"全盘西化"，不能搞"全面移植"，不能囫囵吞枣、照搬照抄，否则必然水土不服。在这个问题上，我们要有底气、有自信，要努力以中国智慧、中国实践为世界法治文明建设作出贡献。

第四节　坚持依宪治国、依宪执政
——关于全面依法治国的首要任务

一、宪法是治国理政的总章程

宪法是国家根本法，是党和人民意志的集中体现，是国家各种制度和法律法规的总依据，具有最高的法律地位、法律权威、法律效力，在国家和社会生活中具有总括性、原则性、纲领性、方向性。

习近平总书记指出："坚持依法治国首先要坚持依宪治国，坚持依法执政首先要坚持依宪执政。"我国宪法以国家根本法的形式，确认了中国共产党领导人民进行革命、建设、改革的伟大斗争和根本成就，确立了国家的根本任务、指导思想、领导核心、发展道路、奋斗目标，规定了一系列基本政治制度和重要原则，规定了国家一系列大政方针，体现出鲜明的社会主义性质。我国宪法确认了中国共产党领导，这是我国宪法最显著的特征，也是我国宪法得到全面贯彻实施的根本保证。我们讲坚持依宪治国、依宪执政，就包括坚持宪法确定的中国共产党领导地位不动摇，坚持宪法确定的人民民主专政的国体和人民代表大会制度的政体不动摇。

我国现行宪法是在深刻总结我国社会主义革命、建设、改革成功经验基础上制定和不断完善的，是我们党领导人民长期奋斗历史逻辑、理论逻辑、实践逻辑的必

然结果。中国共产党登上中国历史舞台后，在推进中国革命、建设、改革的实践中，高度重视宪法和法制建设。

改革开放四十多年来的历程充分证明，我国现行宪法有力坚持了中国共产党领导，有力保障了人民当家作主，有力促进了改革开放和社会主义现代化建设，有力推动了社会主义法治国家进程，有力促进了人权事业发展，有力维护了国家统一、民族团结、社会和谐稳定，是符合国情、符合实际、符合时代发展要求的好宪法，是充分体现人民共同意志、充分保障人民民主权利、充分维护人民根本利益的好宪法，是推动国家发展进步、保证人民创造幸福生活、保障中华民族实现伟大复兴的好宪法，是我们国家和人民经受住各种困难和风险考验、始终沿着中国特色社会主义道路前进的根本法治保证。

回顾我国宪法制度发展历程，我们越加感到，我国宪法同党和人民进行的艰苦奋斗和创造的辉煌成就紧密相连，同党和人民开辟的前进道路和积累的宝贵经验紧密相连。从我国宪法制度七十多年的发展历程中，我们可以清楚看到，宪法同党和国家前途命运息息相关。时间越久远，事业越发展，我们就越加感受到宪法的力量。

一段时间以来，有的人认为我们的宪法不如外国宪法，甚至经常拿外国宪政模式来套我们自己的制度。这不符合我国历史和实际，也解决不了中国问题。毛泽东同志当年在主持宪法起草工作时就指出："我们的宪法，就是比他们革命时期的宪法也进步得多。我们优越于他们。"一定要认清，我们坚持的依宪治国、依宪执政，与西方所谓的"宪政"本质上是不同的。实践是检验真理的唯一标准。经过长期努力，我们已经成功开辟、坚持、拓展了中国特色社会主义政治发展道路和中国特色社会主义法治道路。当代中国宪法制度已经并将更好展现国家根本法的力量、更好发挥国家根本法的作用。

我们坚定中国特色社会主义道路自信、理论自信、制度自信、文化自信，要对我国宪法确立的国家指导思想、发展道路、奋斗目标充满自信，对我国宪法确认的中国共产党领导和我国社会主义制度充满自信，对我国宪法确认的我们党领导人民创造的社会主义先进文化和中华民族光辉灿烂的优秀传统文化充满自信。

二、全面贯彻实施宪法

全面贯彻实施宪法，是建设社会主义法治国家的首要任务和基础性工作。习近平总书记指出："宪法的生命在于实施，宪法的权威也在于实施。"维护宪法权威，就是维护党和人民共同意志的权威；捍卫宪法尊严，就是捍卫党和人民共同意志的尊严；保证宪法实施，就是保证人民根本利益的实现。只要切实尊重和有效实施宪法，人民当家作主就有保证，党和国家事业就能顺利发展。反之，如果宪法受到漠视、削弱甚至破坏，人民权利和自由就无法保证，党和国家事业就会遭受挫折。

中国特色社会主义进入了新时代，对我们党推进全面依法治国特别是依宪治国、依宪执政提出了新的更高要求。全面建设社会主义现代化国家、实现中华民族伟大复兴的中国梦，推进国家治理体系和治理能力现代化、提高党长期执政能力，必须更加注重发挥宪法的重要作用，把国家各项事业和各项工作全面纳入依法治国、依宪治国的轨道，把实施宪法提高到新的水平。

党的十八大以来，我们把实施宪法摆在全面依法治国的突出位置，采取一系列有力措施加强宪法实施和监督工作，维护宪法法律权威。

1. 加强宪法实施和监督必须维护我国宪法尊严和权威。全国各族人民、一切国家机关和武装力量、各政党和各社会团体、各企业事业组织都必须以宪法为根本的活动准则，并且负有维护宪法尊严、保证宪法实施的职责。任何组织或者个人都不得有超越宪法法律的特权。一切违反宪法法律的行为，都必须予以追究。

2. 我们党首先要带头尊崇和执行宪法，把领导人民制定和实施宪法法律同党坚持在宪法法律范围内活动统一起来。各级党组织和党员领导干部要不断提高依宪治国、依宪执政能力和水平，提高运用法治思维和法治方式深化改革、推动发展、化解矛盾、维护稳定、应对风险的能力和水平。

3. 全国人大及其常委会要适应新时代坚持和发展中国特色社会主义的新要求，加强和改进立法工作，继续完善以宪法为核心的中国特色社会主义法律体系，以良法促进发展、保障善治、维护人民民主权利，保证宪法确立的制度、原则和规则得到全面实施。国务院、中央军委、国家监察委员会、最高人民法院、最高人民检察院和有地方立法权的地方人大及其常委会，要依法及时制定和修改同法律或者上位法规定相配套相衔接的行政法规、军事法规、监察法规、司法解释、地方性法规和各类规范性文件，保证宪法在本系统本地区得到有效实施。要支持和保证人民通过人民代表大会行使国家权力，及时把党的路线方针政策通过法定程序转化为国家法律，加强重点领域立法，通过完备的法律推动宪法实施。

4. 各人民团体、企业事业单位、基层群众自治组织和社会组织享有宪法法律规定的地位、权利、义务，在社会主义经济建设、政治建设、文化建设、社会建设、生态文明建设中发挥着重要作用。要增强人民团体、企业事业单位、基层群众自治组织和社会组织的宪法意识，使其成为维护宪法权威、自觉实施宪法的重要力量。

5. 宪法是每个公民享有权利、履行义务的基本遵循。要坚持人民主体地位，发展更加广泛、更加充分、更加健全的人民民主，最广泛地动员和组织人民依法管理国家事务，管理经济文化事业，管理社会事务。要保证公民在法律面前一律平等，切实尊重和保障人权，引导公民既依法维护合法权益，又自觉履行法定义务，做到权利和义务相统一，享有权利和履行义务相一致。

三、推进合宪性审查工作

完善宪法监督制度，必须积极稳妥推进合宪性审查工作，加强备案审查制度和能力建设，依法撤销和纠正违宪违法的规范性文件，维护宪法权威。

1. 监督宪法的实施，是宪法赋予全国人大及其常委会的重要职责。全国人大及其常委会和国家有关监督机关要担负起宪法和法律监督职责，加强对宪法和法律实施情况的监督检查，健全监督机制和程序，坚决纠正违宪违法行为。要完善人大工作机制设置，加强和改进宪法监督方面的工作。有关方面拟出台的法规规章、重要政策和重大举措，凡涉及宪法有关规定如何理解、如何适用的，都应当事先经过全国人大常委会合宪性审查，确保同宪法规定、宪法精神相符合。

2. 加强宪法解释工作，积极回应涉及宪法有关问题的关切，努力实现宪法的稳定性和适应性的统一。要健全宪法解释程序机制，确保宪法解释准确、可靠。2017年 3 月，党中央转发了《中共全国人大常委会党组关于健全宪法解释工作程序的意见》，提出了明确要求、规定了工作规范，有关方面要认真贯彻落实。

3. 健全备案审查制度，所有的法规规章、司法解释和各类规范性文件出台后都要依法依规纳入备案审查范围。全国人大常委会的备案审查工作，包括审查有关规范性文件是否存在不符合宪法规定、不符合宪法精神的内容，必须加强和改进这方面的工作。其他国家机关发现规范性文件可能存在合宪性问题的，要及时报告全国人大常委会或者依法提请全国人大常委会审查。地方各级人大及其常委会要依法行使职权，保证宪法在本行政区域内得到遵守和执行。

四、深入开展宪法宣传教育

"法立于上，教弘于下。"习近平总书记强调，"加强宪法学习宣传教育是实施宪法的重要基础"。要在全社会广泛开展尊崇宪法、学习宪法、遵守宪法、维护宪法、运用宪法的宣传教育，大力弘扬宪法精神，大力弘扬社会主义法治精神，不断增强人民群众宪法意识。

1. 宪法的根基在于人民发自内心的拥护，宪法的伟力在于人民出自真诚的信仰

要紧密结合党的理论和路线方针政策的宣传教育，解读好宪法的精神、原则、要义，解读好宪法所规定的重大制度和重大事项，引导全社会充分认识我国现行宪法是一部好宪法，要维护宪法连续性、稳定性、权威性，也要根据党和人民事业发展不断与时俱进、完善发展。要把我国宪法制度同近代以来、新中国成立以来特别是改革开放以来我国发生的历史巨变、同我们正在做的事情、同我们将要做的事情

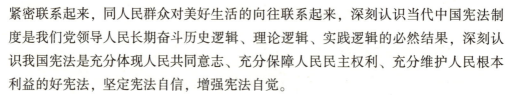

紧密联系起来，同人民群众对美好生活的向往联系起来，深刻认识当代中国宪法制度是我们党领导人民长期奋斗历史逻辑、理论逻辑、实践逻辑的必然结果，深刻认识我国宪法是充分体现人民共同意志、充分保障人民民主权利、充分维护人民根本利益的好宪法，坚定宪法自信，增强宪法自觉。

2. 要使宪法真正走入日常生活、走入人民群众

通过灵活多样的形式和手段、鲜活生动的语言和事例，使广大人民群众真正认识到宪法不仅是全体公民必须遵循的行为规范，而且是保障公民权利的法律武器。运用国家宪法日活动、宪法宣誓等载体，推动宪法法律进企业、进乡村、进机关、进学校、进社区、进军营、进社会组织，使宪法深入人心，让宪法家喻户晓，内化于心、外化于行，在全社会形成尊法学法守法用法的良好氛围。坚持从青少年抓起，把宪法法律教育纳入国民教育体系，引导青少年从小掌握宪法法律知识、树立宪法法律意识、养成尊法守法习惯。

3. 要抓住领导干部这个"关键少数"

把宪法教育作为党员干部教育的重要内容，使各级领导干部和国家机关工作人员掌握宪法的基本知识。完善国家工作人员学习宪法法律的制度，推动领导干部加强宪法学习，增强宪法意识，带头尊崇宪法、学习宪法、遵守宪法、维护宪法、运用宪法，做尊法学法守法用法的模范。

第五节　坚持在法治轨道上推进国家治理体系和治理能力现代化
——全面依法治国的时代使命

一、坚持改革与法治同步推进

改革与法治如鸟之两翼、车之两轮。要坚持改革决策和立法决策相统一、相衔接，立法主动适应改革需要，积极发挥引导、推动、规范、保障改革的作用，做到重大改革于法有据，改革和法治同步推进，增强改革的穿透力。

1. 改革和法治相辅相成、相伴而生

我国历史上的历次变法，都是改革和法治紧密结合，变旧法、立新法，从战国时期商鞅变法、宋代王安石变法到明代张居正变法，莫不如此。我国改革进入了攻坚期和深水区，改革和法治的关系需要破解一些新难题，也亟待纠正一些认识上的误区。一种观点认为，改革就是要冲破法律的禁区，现在法律的条条框框妨碍和迟滞了改革，改革要上路、法律要让路。另一种观点则认为，法律就是要保持稳定性、

权威性、适当的滞后性，法律很难引领改革。这两种看法都是不全面的。在法治下推进改革，在改革中完善法治，这就是我们常说的改革和法治是"两个轮子"的含义。

2. 在法治下推进改革

深化改革需要发挥法治规范和保障作用，做到依法依规进行。凡属重大改革要于法有据，在研究改革方案和改革措施时，要同步考虑改革涉及的立法问题，及时提出立法需求和立法建议。对实践证明已经比较成熟的改革经验和行之有效的改革举措，要尽快上升为法律。对部门间争议较大的重要立法事项，要加快推动和协调，不能久拖不决。对实践条件还不成熟、需要先行先试的，要按照法定程序作出授权，既不允许随意突破法律红线，也不允许简单以现行法律没有依据为由迟滞改革。对不适应改革要求的现行法律法规，要及时修改或废止，不能让一些过时的法律条款成为改革的"绊马索"。要加强法律解释工作，及时明确法律规定含义和适用法律依据。

3. 在改革中完善法治

全面推进依法治国是一项长期而重大的历史任务，也必然是一场深刻的社会变革和历史变迁。解决法治领域的突出问题，根本途径在于改革。要坚定不移推进法治领域改革，坚决破除束缚全面推进依法治国的体制机制障碍。随着中国特色社会主义事业不断发展，法治建设将承载更多使命、发挥更为重要的作用。古人讲，"法与时移"，"观时而制法，因事而制礼"。法律作为上层建筑，一定要适应经济基础的变化而变化。如果完全停留在旧的体制机制框架内，用老办法应对新情况新问题，或者用零敲碎打的方式来修修补补，是解决不了大问题的。我们既要着眼长远、打好基础、建好制度，又要立足当前、突出重点、扎实工作，不断推进全面依法治国向纵深发展。

二、坚持依法治军、从严治军

依法治军、从严治军，是我们党建军治军的基本方略。深入推进依法治军、从严治军，是全面依法治国总体部署的重要组成部分，是实现强军目标的必然要求。习近平总书记指出："国家要依法治国，军队要依法治军。"一个现代化国家必然是法治国家，一支现代化军队必然是法治军队。

1. 党对军队绝对领导是依法治军的核心和根本要求

深入推进依法治军、从严治军，必须紧紧围绕党在新时代的强军目标，着眼全面加强革命化现代化正规化建设，坚持党对军队绝对领导，坚持战斗力标准，坚持官兵主体地位，坚持依法和从严相统一，坚持法治建设与思想政治建设相结合，创新发展依法治军理论和实践，构建完善的中国特色军事法治体系，提高国防和军队建设法治化水平。

2. 深入推进依法治军、从严治军，要求我们的治军方式发生一场深刻变革

习近平总书记指出："军队越是现代化，越是信息化，越是要法治化。"在信息网络时代，战争过程日益科学化，军队建设、管理和作战行动更加强调标准化、规范化、精细化。这就要对军队各方面进行严格规范，建立一整套符合现代军事发展规律、体现我军特色的科学的组织模式、制度安排和运作方式，推动军队正规化建设向更高水平发展。各级要严格按照法定职责权限抓好工作，努力实现三个根本性转变，即从单纯依靠行政命令的做法向依法行政的根本性转变，从单纯靠习惯和经验开展工作的方式向依靠法规和制度开展工作的根本性转变，从突击式、运动式抓工作的方式向按条令条例办事的根本性转变，在全军形成党委依法决策、机关依法指导、部队依法行动、官兵依法履职的良好局面。

3. 军无法不立，法无严不威

要直面问题，围绕构建系统完备、严密高效的军事法规制度体系、军事法治实施体系、军事法治监督体系、军事法治保障体系，抓好军事法治建设重点任务落实。要用强军目标审视和引领军事立法，提高军事法规制度的针对性、系统性、操作性。军事法规制度建设必须同国家法律体系建设进程相协调，同我军建设、改革和军事斗争准备实践相适应。要加强同国家立法工作的衔接，突出加强改革急需、备战急用、官兵急盼的军事法规制度建设，健全完善实在管用、系统配套的中国特色军事法规制度体系。要推进军事法规制度建设集成化、军事法规法典化，推进军事司法制度改革。要坚持严字当头，强化执纪执法监督，严肃追责问责，把依法从严贯穿国防和军队建设各领域全过程，真正使铁规生威、铁纪发力。要抓住治权这个关键，构建严密的权力运行制约和监督体系，切实把权力关进制度的笼子里。

4. 强化全军法治信仰和法治思维

深入推进依法治军、从严治军，首先要让法治精神、法治理念深入人心，使全军官兵信仰法治、坚守法治。没有这一条，依法治军、从严治军是难以推进的。要在全军深入开展法治宣传教育，把法治教育训练纳入部队教育训练体系，把培育法治精神作为强军文化建设的重要内容，引导广大官兵将法治内化为政治信念和道德修养，外化为行为准则和自觉行动。依法治军关键是依法治官、依法治权。领导干部要自觉培养法治思维，带头尊法学法守法用法，做到心有所畏、言有所戒、行有所止。要按规则正确用权、谨慎用权、干净用权。

5. 锻造法纪严、风气正的过硬基层

以严明的法治和纪律凝聚铁的意志、锤炼铁的作风、锻造铁的队伍。全面落实

依法治军、从严治军方针，贯彻条令条例，坚持按纲抓建。对基层建设有关政策制度进行全面梳理，搞好科学论证，做好立改废释工作。严格管理部队，坚持严格要求同热情关心相结合，坚持纪律约束同说服教育相结合，确保部队高度集中统一和安全稳定。把正风肃纪反腐压力传导到基层，深入纠治官兵身边的"微腐败"和不正之风，把基层搞得清清爽爽。

三、坚持依法治网

网络空间不是"法外之地"，同样要讲法治。网络空间是虚拟的，但运用网络空间的主体是现实的。习近平总书记指出："网络空间同现实社会一样，既要提倡自由，也要保持秩序。自由是秩序的目的，秩序是自由的保障。"既要尊重网民交流思想、表达意愿的权利，也要依法构建良好网络秩序，这有利于保障广大网民合法权益。

1. 加快制定完善互联网领域法律法规

这几年，我们坚持依法治网，加快网络立法进程，出台了一批法律法规，网络空间法治化持续推进；但同网络空间快速发展新形势相比，互联网领域立法仍有很多空白，依法治网水平仍有待提高，广大网民尊法守法意识有待增强。要加强信息技术领域立法，及时跟进研究数字经济、互联网金融、人工智能、大数据、云计算等相关法律制度，完善互联网信息内容管理、关键信息基础设施保护等法律法规，抓紧补齐短板。

2. 依法加强数据安全管理

加大个人信息保护力度，规范互联网企业和机构对个人信息的采集使用，特别是做好数据跨境流动的安全评估和监管。一些涉及国家利益、国家安全的数据，很多掌握在互联网企业手里，企业必须保证这些数据安全。要加强关键信息基础设施安全保护，强化国家关键数据资源保护能力，增强数据安全预警和溯源能力。制定数据资源确权、开放、流通、交易相关制度，完善数据产权保护制度。加大对技术专利、数字版权、数字内容产品及个人隐私等的保护力度，维护广大人民群众利益、社会稳定、国家安全。加强国际数据治理政策储备和治理规则研究，提出中国方案。

3. 依法严厉打击网络违法犯罪行为

利用网络鼓吹推翻国家政权、煽动宗教极端主义、宣扬民族分裂思想、教唆暴力恐怖活动等，对这样的行为要坚决制止和打击；利用网络进行欺诈活动、散布色情材料、进行人身攻击、兜售非法物品等，对这样的言行要坚决管控和治理，决不能任其大行其道。没有哪个国家会允许这样的行为泛滥开来。对网络黑客、电信网络诈骗、侵犯公民个人隐私等违法犯罪行为，要切断网络犯罪利益链条，持续形成高压态势，维护人民群众合法权益。

4. 共同维护网络空间和平安全

随着世界多极化、经济全球化、文化多样化、社会信息化深入发展，互联网对人类文明进步将发挥更大促进作用。同时，互联网领域发展不平衡、规则不健全、秩序不合理等问题日益凸显。不同国家和地区信息鸿沟不断拉大，现有网络空间治理规则难以反映大多数国家意愿和利益；世界范围内侵害个人隐私、侵犯知识产权、网络犯罪等时有发生，网络监听、网络攻击、网络恐怖主义活动等成为全球公害。要倡导尊重网络主权，同各国一道，加强对话交流，有效管控分歧，推动制定各方普遍接受的网络空间国际规则，制定网络空间国际反恐公约，健全打击网络犯罪司法协助机制。

总之，网络空间是亿万民众共同的精神家园。网络空间天朗气清、生态良好，符合人民利益。网络空间乌烟瘴气、生态恶化，不符合人民利益。谁都不愿生活在一个充斥着虚假、诈骗、攻击、谩骂、恐怖、色情、暴力的空间。要本着对社会负责、对人民负责的态度，在加强网络内容建设、做强网上正面宣传的同时，依法加强网络空间治理。要把依法治网作为基础性手段，推动依法管网、依法办网、依法上网，确保互联网在法治轨道上健康运行。

第六节　坚持建设中国特色社会主义法治体系
——关于全面依法治国的总抓手

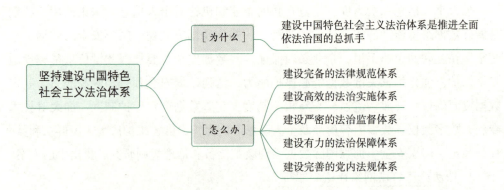

一、[总论] 建设中国特色社会主义法治体系是推进全面依法治国的总抓手

[概述] 全面推进依法治国涉及立法、执法、司法、普法、守法各个环节、各个方面，在实际工作中必须有一个总揽全局、牵引各方的总抓手，这个总抓手就是

建设中国特色社会主义法治体系。

[重要性] 中国特色社会主义法治体系是国家治理体系的骨干工程，本质上是中国特色社会主义制度的法律表现形式。

[是什么] 建设中国特色社会主义法治体系，就是在中国共产党领导下，坚持中国特色社会主义制度，贯彻中国特色社会主义法治理论，形成完备的法律规范体系、高效的法治实施体系、严密的法治监督体系、有力的法治保障体系，形成完善的党内法规体系。

[要求什么] 全面推进依法治国，要求各项工作都要围绕建设中国特色社会主义法治体系、建设社会主义法治国家这个总目标来部署、来展开，都要围绕中国特色社会主义法治体系这个总抓手来谋划、来推进。

二、[分论] 建设完备的法律规范体系

[必要性] 经过长期努力，中国特色社会主义法律体系已经形成，国家和社会生活各方面总体上实现了有法可依。法律体系必须随着时代变化、理论创新和实践需要不断发展、不断完善。

[概述] 要不断完善以宪法为核心的中国特色社会主义法律体系，坚持立法先行，坚持立改废释并举，健全完善法律、行政法规、地方性法规，为全面推进依法治国提供遵循。

[科学立法、民主立法、依法立法] 要深入推进科学立法、民主立法、依法立法，提高立法质量和效率，以良法保善治、促发展。

[重点] 要积极推进国家安全、科技创新、公共卫生、生物安全、生态文明、防范风险、涉外法治等重要领域立法，健全完善国家治理急需的法律制度、满足人民日益增长的美好生活需要必备的法律制度。要加快我国法域外适用的法律体系建设，更好维护国家主权、安全、发展利益。

三、[分论] 建设高效的法治实施体系

法治实施体系是执法、司法、守法等宪法法律实施的工作体制机制。"世不患无法，而患无必行之法"，"天下之事，不难于立法，而难于法之必行"。

1. 高效的法治实施体系，最核心的是健全宪法实施体系。全面贯彻实施宪法，是建设社会主义法治国家的首要任务和基础性工作。全国各族人民、一切国家机关和武装力量、各政党和各社会团体、各企业事业组织，都必须以宪法为根本活动准则，切实维护宪法尊严和权威。

2. 深入推进执法体制改革，完善执法程序，推进综合执法，严格执法责任，建

立权责统一、权威高效的行政执法体制。

3. 深化司法体制改革，完善司法管理体制和司法权力运行机制，规范司法行为，加强对司法活动的监督，切实做到公正司法。

4. 坚持把全民普法和守法作为全面依法治国的长期基础性工作，采取有力措施加强法治宣传教育，不断增强全民法治观念。

四、[分论] 建设严密的法治监督体系

[是什么] 法治监督体系是由党内监督、人大监督、民主监督、行政监督、司法监督、审计监督、社会监督、舆论监督等构成的权力制约和监督体系。

[为什么] 不受监督的权力必然导致腐败。全面推进依法治国，必须健全完善权力运行制约和监督机制，规范立法、执法、司法机关权力行使，建设严密的法治监督体系。

[怎么办]

1. 要加强党对法治监督工作的集中统一领导，把法治监督作为党和国家监督体系的重要内容，保证行政权、监察权、审判权、检察权得到依法正确行使，保证公民、法人和其他组织合法权益得到切实保障。

2. 加强国家机关监督、民主监督、群众监督和舆论监督，形成法治监督合力，发挥整体监督效能。加强执纪执法监督，坚持把纪律规矩挺在前面，推进执纪执法贯通，建立有效衔接机制。

3. 建立健全与执法司法权运行机制相适应的制约监督体系，构建权责清晰的执法司法责任体系，健全政治督察、综治督导、执法监督、纪律作风督查巡查等制度机制。

五、[分论] 建设有力的法治保障体系

[是什么] 法治保障体系包括党领导全面依法治国的制度和机制、队伍建设和人才保障等。

[为什么] 有力的法治保障体系是推进全面依法治国的重要支撑。

[怎么办]

1. 坚持党的领导，把党的领导贯穿于依法治国各领域全过程，是社会主义法治的根本保证。

2. 坚定中国特色社会主义制度自信，坚持走中国特色社会主义法治道路，健全完善中国特色社会主义法治体系，筑牢全面依法治国的制度保障。

3. 大力加强法治工作队伍建设，用习近平法治思想武装头脑，切实提高法治工

作队伍思想政治素质、业务工作能力、职业道德水准，切实提高运用法治思维和法治方式的能力水平，夯实社会主义法治建设的组织和人才保障。

六、[分论] 建设完善的党内法规体系

[为什么] 党内法规既是管党治党的重要依据，也是建设社会主义法治国家的有力保障。习近平总书记指出："加强党内法规制度建设是全面从严治党的长远之策、根本之策。我们党要履行好执政兴国的重大历史使命、赢得具有许多新的历史特点的伟大斗争胜利、实现党和国家的长治久安，必须坚持依法治国与制度治党、依规治党统筹推进、一体建设。"

[怎么办]

1. 必须完善党内法规制定体制机制，完善党的组织法规制度、党的领导法规制度、党的自身建设法规制度、党的监督保障法规制度。

2. 要加大党内法规备案审查和解释力度，注重党内法规同国家法律的衔接和协调。

3. 要完善党内法规制度体系，确保内容科学、程序严密、配套完备、运行有效，形成制度整体效应，强化制度执行力，为提高党的领导水平和执政能力提供有力的制度保障。

第七节　坚持依法治国、依法执政、依法行政共同推进，法治国家、法治政府、法治社会一体建设
——全面依法治国的工作布局

一、全面依法治国是一个系统工程

全面依法治国涉及改革发展稳定、内政外交国防、治党治国治军等各个领域，必须立足全局和长远来统筹谋划。习近平总书记强调："全面依法治国是一个系统工程，必须统筹兼顾、把握重点、整体谋划，更加注重系统性、整体性、协同性。"

系统观念是具有基础性的思想和工作方法。要坚持系统观念，准确把握全面依法治国工作布局，坚持依法治国、依法执政、依法行政共同推进，法治国家、法治政府、法治社会一体建设。依法治国、依法执政、依法行政是一个有机整体，关键在于党要坚持依法执政、各级政府要坚持依法行政。法治国家、法治政府、法治社会三者各有侧重、相辅相成，法治国家是法治建设的目标，法治政府是建设法治国家的主体，法治社会是构筑法治国家的基础。全面依法治国，必须着眼全局、统筹

兼顾，在共同推进上着力，在一体建设上用劲。

党的十八大以来，我们党紧紧围绕中国特色社会主义事业总体布局，对全面依法治国作了系统谋划。统筹考虑国际国内形势、法治建设进程和人民群众法治需求，同推进国家治理体系和治理能力现代化的要求相协同，同我国发展的战略目标相适应，确立了全面依法治国的顶层设计，提出了建设中国特色社会主义法治体系、建设社会主义法治国家的总目标，明确了法治中国、法治政府、法治社会建设的路线图、施工图、时间表，全面推进科学立法、严格执法、公正司法、全民守法。这一系列重大决策部署，既充分肯定我国社会主义法治建设的成就和经验，又针对现实问题提出富有改革创新精神的新观点新举措；既抓住法治建设的关键，又体现党和国家事业发展全局要求；既高屋建瓴、搞好顶层设计，又脚踏实地、做到切实管用；既讲近功，又求长效，不断推进全面依法治国整体发力、协同发展。

全面依法治国，必须系统谋划推进法治领域改革。全面建成小康社会后，我们开启了全面建设社会主义现代化国家新征程，我国发展环境面临深刻复杂变化，发展不平衡不充分问题仍然突出，经济社会发展中矛盾错综复杂，必须从系统观念出发加以谋划和解决，全面协调推动各领域工作和社会主义现代化建设。法治领域改革涉及的主要是公检法司等国家政权机关和强力部门，社会关注度高，改革难度大，更需要自我革新的胸襟。如果心中只有自己的"一亩三分地"，拘泥于部门权限和利益，甚至在一些具体问题上讨价还价，必然是磕磕绊绊、难有作为。只要有利于提高党的执政能力、巩固党的执政地位，有利于维护宪法和法律的权威，有利于维护人民权益、维护公平正义、维护国家安全稳定，不管遇到什么阻力和干扰，都要坚定不移向前推进，决不能避重就轻、拣易怕难、互相推诿、久拖不决。

二、法治国家是法治建设的目标

建设社会主义法治国家是我们党确定的建设社会主义现代化国家的重要目标。习近平总书记指出："一个现代化国家必然是法治国家。"历史和现实都告诉我们，法治兴则国兴，法治强则国强。

从我国古代看，凡属盛世都是法制相对健全的时期。近代以后，我国仁人志士也认识到了这个问题，自戊戌变法和清末修律起，中国人一直在呼吁法制，但在当时的历史条件和政治条件下，仅仅靠法制是不能改变旧中国社会性质和中国人民悲惨命运的。

我们党执政七十多年来，越来越深刻认识到，治国理政须臾离不开法治。党的十八届四中全会明确提出，全面推进依法治国，总目标是建设中国特色社会主义法治体系，建设社会主义法治国家。这要求在中国共产党领导下，坚持中国特色社会主义制度，贯彻中国特色社会主义法治理论，形成完备的法律规范体系、高效的法治实施体系、严密的法治监督体系、有力的法治保障体系，形成完善的党内法规体系，坚持依法治国、依法执政、依法行政共同推进，坚持法治国家、法治政府、法治社会一体建设，实现科学立法、严格执法、公正司法、全民守法，促进国家治理体系和治理能力现代化。这既明确了全面推进依法治国的性质和方向，又突出了全面推进依法治国的工作重点和总抓手，对全面推进依法治国具有纲举目张的意义。依法治国各项工作都要围绕这个总目标来部署、来展开。

三、法治政府是建设法治国家的主体

全面依法治国，法治政府建设要率先突破。习近平总书记强调，"推进全面依法治国，法治政府建设是重点任务和主体工程，对法治国家、法治社会建设具有示范带动作用"。必须深入推进依法行政，加快建设法治政府，构建职责明确、依法行政的政府治理体系。

现在，法治政府建设还有一些难啃的硬骨头，依法行政观念不牢固、行政决策合法性审查走形式等问题还没有根本解决。各级政府必须坚持在党的领导下、在法治轨道上开展工作，创新执法体制，完善执法程序，推进综合执法，严格执法责任，建立权责统一、权威高效的依法行政体制，加快建设职能科学、权责法定、执法严明、公开公正、智能高效、廉洁诚信、人民满意的法治政府。

权力必须关进制度的笼子，要用法治给行政权力定规矩、划界限。完善行政组织和行政程序法律制度，推进机构、职能、权限、程序、责任法定化，推进各级政府事权规范化、法律化。行政机关不得法外设定权力，没有法律法规依据不得作出减损公民、法人和其他组织合法权益或者增加其义务的决定。推行政府权责清单制度，坚决消除权力设租寻租空间。

市场经济是法治经济，要用法治来规范政府和市场的边界。现在，有些地方政府部门仍然热衷于直接配置资源、直接干预微观经济活动，导致部分产能过剩、地方债务和金融风险累积等问题多发。要用法律和制度遏制一些政府部门不当干预经济的惯性和冲动，解决好政府职能越位、缺位、错位的问题。无论是化解地方隐性债务，还是处理"僵尸企业"、淘汰落后产能等，都要依法依规解决，不能简单依靠行政命令和手段。要根据新发展阶段的特点，围绕推动高质量发展、构建新发展格局，加快转变政府职能，加快打造市场化、法治化、国际化营商环境，打破行业垄断和地方保护，打通经济循环堵点，推动形成全国统一、公平竞争、规范有序的市场体系。

健全依法决策机制。推动领导干部特别是主要负责同志掌握法治思维和法治方

式，完善决策制度，规范决策程序。要加大决策合法性审查力度，法律顾问和公职律师参与决策过程、提出法律意见应当成为依法决策的重要程序，保证法律顾问在制定重大行政决策、推进依法行政中发挥积极作用。要健全重大决策充分听取民意工作机制，审议涉及群众切身利益、群众反映强烈的重大议题要依法依程序进行，该公示的公示，该听证的听证，决不允许搞"暗箱操作""拍脑门决策"。

加强对政府内部权力的制约。要对财政资金分配使用、国有资产监管、政府投资、政府采购、公共资源转让、公共工程建设等权力集中的部门和岗位实行分事行权、分岗设权、分级授权，定期轮岗，强化内部流程控制，防止权力滥用；完善政府内部层级监督和专门监督；保障依法独立行使审计监督权。

全面推进政务公开。推进决策公开、执行公开、管理公开、服务公开、结果公开，重点推进财政预算、公共资源配置、重大建设项目批准和实施、社会公益事业建设等领域的政府信息公开。

研究建立健全行政纠纷解决体系，推动构建行政调解、行政裁决、行政复议、行政诉讼有机衔接的纠纷解决机制，发挥行政机关化解矛盾纠纷的"分流阀"作用。

四、法治社会是构筑法治国家的基础

全面依法治国需要全社会共同参与，需要全社会法治观念增强，必须在全社会弘扬社会主义法治精神，建设社会主义法治文化。习近平总书记强调："只有全体人民信仰法治、厉行法治，国家和社会生活才能真正实现在法治轨道上运行。"要在全社会树立法律权威，使人民认识到法律既是保障自身权利的有力武器，也是必须遵守的行为规范，广泛开展依法治理活动，提高社会治理法治化水平，培育社会成员办事依法、遇事找法、解决问题用法、化解矛盾靠法的良好环境。

法律要发挥作用，需要全社会信仰法律。如果一个社会大多数人对法律没有信任感，认为靠法律解决不了问题，还是要靠上访、信访，要靠找门路、托关系，甚至要采取聚众闹事等极端行为，那就不可能建成法治社会。要引导全体人民遵守法律，有问题依靠法律来解决，决不能让那种大闹大解决、小闹小解决、不闹不解决现象蔓延开来，否则就没有什么法治可言。要以实际行动让老百姓相信法不容情、法不阿贵，只要是合理合法的诉求，就能通过法律程序得到合理合法的结果。

古人说："消未起之患、治未病之疾，医之于无事之前。"法治建设既要抓末端、治已病，更要抓前端、治未病。我国国情决定了我们不能成为"诉讼大国"。一个有着十四亿多人口的大国，如果大大小小的事都要打官司，那必然不堪重负！要推动更多法治力量向引导和疏导端用力，完善预防性法律制度，完善调解、信访、仲裁、行政裁决、行政复议、诉讼等社会矛盾纠纷多元预防调处化解综合机制。要整合基层矛盾纠纷化解资源和力量，发挥市民公约、乡规民约等基层规范在社会治理中的作用，完善非诉讼纠纷解决机制。加快建设覆盖城乡、便捷高效、均等普惠的现代公共法律服务体系，统筹推进律师、公证、法律援助、司法鉴定、调解、仲裁等工作改革方案，让人民群众切实感受到法律服务更加便捷。

加快实现社会治理法治化，依法防范风险、化解矛盾、维护权益，营造公平、透明、可预期的法治环境。善于把党的领导和我国社会主义制度优势转化为社会治理效能，完善党委领导、政府负责、社会协同、公众参与、法治保障的社会治理体制。群防群治和小事不出村、大事不出镇、矛盾不上交是枫桥创造的基层治理经验，要坚持和发展新时代"枫桥经验"，加快形成共建共治共享的现代基层社会治理新格局。

加强法治乡村建设是实施乡村振兴战略、推进全面依法治国的基础性工作。要把政府各项涉农工作纳入法治化轨道，完善农村法律服务，积极推进法治乡村建设。加强农村法治宣传教育，教育引导农村广大干部群众尊法学法守法用法，依法表达诉求、解决纠纷、维护权益。健全自治、法治、德治相结合的乡村治理体系，让农村社会既充满活力又和谐有序。要深入推进平安乡村建设，加快完善农村治安防控体系，依法严厉打击危害农村稳定、破坏农业生产和侵害农民利益的违法犯罪活动。特别是对农村黑恶势力，要集中整治、重拳出击。

第八节　坚持全面推进科学立法、严格执法、公正司法、全民守法
——全面依法治国的重要环节

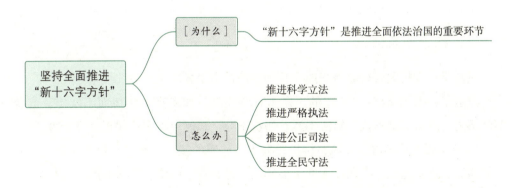

一、科学立法、严格执法、公正司法、全民守法是推进全面依法治国的重要环节

全面依法治国是一项长期而重大的历史任务，必须从法治工作实际出发，切实

把握好法治建设各环节工作规律。

1. 党的十一届三中全会确立了有法可依、有法必依、执法必严、违法必究的社会主义法制建设的"十六字方针"。

2. 党的十八大把法治建设摆在了更加突出的位置，强调全面推进依法治国，明确提出法治是治国理政的基本方式，要推进科学立法、严格执法、公正司法、全民守法。

3. 习近平总书记在党的十九大报告中指出，全面依法治国是国家治理的一场深刻革命，必须坚持厉行法治，推进科学立法、严格执法、公正司法、全民守法。

"科学立法、严格执法、公正司法、全民守法"是全面依法治国的重要环节，成为指引新时代法治中国建设的"新十六字方针"。

二、推进科学立法

法律是治国之重器，良法是善治之前提。

习近平总书记强调："人民群众对立法的期盼，已经不是有没有，而是好不好、管用不管用、能不能解决实际问题；不是什么法都能治国，不是什么法都能治好国；越是强调法治，越是要提高立法质量。这些话是有道理的。我们要完善立法规划，突出立法重点，坚持立改废并举，提高立法科学化、民主化水平，提高法律的针对性、及时性、系统性。要完善立法工作机制和程序，扩大公众有序参与，充分听取各方面意见，使法律准确反映经济社会发展要求，更好协调利益关系，发挥立法的引领和推动作用。"

建设中国特色社会主义法治体系，必须坚持立法先行，深入推进科学立法、民主立法、依法立法，提高立法质量和效率，以良法促进发展、保障善治。

三、推进严格执法

执法是行政机关履行政府职能、管理经济社会事务的主要方式。

习近平总书记指出："法律的生命力在于实施。如果有了法律而不实施，或者实施不力，搞得有法不依、执法不严、违法不究，那制定再多法律也无济于事。"

1. 要加强宪法和法律实施，维护社会主义法制的统一、尊严、权威，形成人们不愿违法、不能违法、不敢违法的法治环境，做到有法必依、执法必严、违法必究。

2. 行政机关是实施法律法规的重要主体，要带头严格执法。

3. 要加强对执法活动的监督，严禁过度执法、逐利执法、粗暴执法。坚决排除对执法活动的非法干预，坚决防止和克服地方保护主义和部门保护主义。坚决惩治腐败现象，做到有权必有责、用权受监督、违法必追究。

4. 要加强行政执法与刑事司法有机衔接，坚决克服有案不移、有案难移、以罚代刑等现象。

5. 要健全行政纠纷解决体系，推动构建行政调解、行政裁决、行政复议、行政诉讼有机衔接的纠纷解决机制。

四、推进公正司法

公正司法是维护社会公平正义的最后一道防线。

习近平总书记指出："所谓公正司法，就是受到侵害的权利一定会得到保护和救济，违法犯罪活动一定要受到制裁和惩罚。"

1. 各级司法机关要紧紧围绕努力让人民群众在每一个司法案件中都感受到公平正义这个要求和目标改进工作，坚持做到严格司法、规范司法。

2. 要改进司法工作作风，通过热情服务切实解决好老百姓打官司过程中遇到的各种难题，特别是要加大对困难群众维护合法权益的法律援助，加大司法公开力度，以回应人民群众对司法公正公开的关注和期待。

3. 要紧紧抓住影响司法公正、制约司法能力的深层次问题，深化司法体制和工作机制改革，加强党对司法工作的领导，确保审判机关、检察机关依法独立公正行使审判权、检察权，全面落实司法责任制。

4. 健全公安机关、检察机关、审判机关、司法行政机关各司其职，侦查权、检察权、审判权、执行权相互配合、相互制约的体制机制。

5. 强化诉讼过程中当事人和其他诉讼参与人的知情权、陈述权、辩护辩论权、申请权、申诉权的制度保障，加强对刑事诉讼、民事诉讼、行政诉讼的法律监督。

6. 完善人民监督员制度；依法规范司法人员与当事人、律师、特殊关系人、中介组织的接触、交往行为。

五、推进全民守法

法律要发生作用，全社会首先要信仰法律。

习近平总书记指出："全民守法，就是任何组织或者个人都必须在宪法和法律范围内活动，任何公民、社会组织和国家机关都要以宪法和法律为行为准则，依照宪法和法律行使权利或权力、履行义务或职责。"

1. 要深入开展法治宣传教育，在全社会弘扬社会主义法治精神，传播法律知识，培养法律意识，在全社会形成宪法至上、守法光荣的良好社会氛围。要引导全体人民遵守法律，有问题依靠法律来解决，使法治成为社会共识和基本准则。

2. 要突出普法重点内容，落实"谁执法谁普法"的普法责任制，努力在增强普法的针对性和实效性上下功夫，不断提升全体公民法治意识和法治素养。

3. 要坚持法治教育与法治实践相结合，广泛开展依法治理活动，提高社会治理法治化水平。

4. 要坚持依法治国和以德治国相结合，把法治建设和道德建设紧密结合起来，把他律和自律紧密结合起来，做到法治和德治相辅相成、相互促进。

5. 抓住领导干部这个"关键少数"。

第九节　坚持统筹推进国内法治和涉外法治
——全面依法治国的迫切任务

一、统筹推进国内法治和涉外法治是全面依法治国的迫切任务

当今世界正面临百年未有之大变局，国际社会经济发展和地缘政治安全发生深刻变化。国家主权、安全、发展利益是国家核心利益，切实维护国家主权、安全、发展利益是涉外法治工作的首要任务。当前，随着我国经济实力和综合国力快速增长，对外开放全方位深化，"一带一路"建设深入推进，我国日益走近世界舞台中央，深度融入全球化进程，维护我国国家利益和公民、法人境外合法权益的任务日益繁重。统筹推进国内法治和涉外法治，协调推进国内治理和国际治理，是全面依法治国的必然要求，是建立以国内大循环为主体、国内国际双循环相互促进的新发展格局的客观需要，是维护国家主权、安全、发展利益的迫切需要。这就要求在全面依法治国进程中，必须统筹运用国内法和国际法，加快涉外法治工作战略布局，推进国际法治领域合作，加快推进我国法域外适用的法律体系建设，加强国际法研究和运用，提高涉外工作法治化水平，强化法治思维、运用法治方式，有效应对挑战、防范风险，更好地维护国家主权、安全、发展利益，为推动全球治理体系改革、构建人类命运共同体规则体系提供中国方案。

二、加快涉外法治工作战略布局

统筹国内国际两个大局是我们党治国理政的基本理念和基本经验，统筹推进国内法治和涉外法治、加快涉外法治工作战略布局即是这一理念和经验在法治领域的具体体现。习近平总书记指出："要加快涉外法治工作战略布局，协调推进国内治理和国际治理，更好维护国家主权、安全、发展利益。"要加快形成系统完备的涉外法律法规体系，积极构建更加完善的涉外经济法律体系，逐步形成法治化、国际化、便利化的营商环境。要提升涉外执法司法效能。引导企业、公民在"走出去"

过程中更加自觉遵守当地法律法规和风俗习惯，提高运用法律和规则维护自身合法权益的意识和能力。要加强反制裁、反干涉和反制"长臂管辖"的理论研究和制度建设，努力维护公平公正的国际环境。要加大涉外法治人才培养力度，尽快建设一支精通国内法治和涉外法治，既熟悉党和国家方针政策、了解我国国情又具有全球视野、熟练运用外语、通晓国际规则的高水平法治人才队伍，为我国参与国际治理提供有力人才支撑。

三、加强对外法治交流合作

法治是人类政治文明的重要成果，是现代社会治理的基本手段；既是国家治理体系和治理能力的重要依托，也是维护世界和平与发展的重要保障。通过统筹推进国内法治和涉外法治，加强与各国在法治领域的交流合作，有利于实现共赢共享，让和平的薪火代代相传，让发展的动力源源不断，让文明的光芒熠熠生辉。要旗帜鲜明地坚定维护以联合国为核心的国际体系，坚定维护以联合国宪章宗旨和原则为基础的国际法基本原则和国际关系基本准则，坚定维护以国际法为基础的国际秩序。引导国际社会共同塑造更加公正合理的国际新秩序，推动构建人类命运共同体。积极参与执法安全国际合作，共同打击暴力恐怖势力、民族分裂势力、宗教极端势力和贩毒走私、跨国有组织犯罪。坚持深化司法领域国际合作，完善我国司法协助体制，扩大国际司法协助覆盖面。加强反腐败国际合作，加大海外追赃追逃、遣返引渡力度。要推进对外法治宣传，讲好中国法治故事。要加强对外法治话语和叙事体系建设，注重中外融通，创新对外法治话语表达方式，更加鲜明地展示中国法治道路。

法治是国家核心竞争力的重要内容。涉外法治工作涉及面广、环节众多，涵盖国内法、国别法、国际法等不同层次、各个领域，体现在国家立法、执法、司法和守法等各个重要环节中。要提高国际法斗争能力，坚持国家主权平等，坚持反对任何形式的霸权主义，坚持推进国际关系民主化法治化，综合利用立法、执法、司法等法律手段开展斗争，坚决维护国家主权、安全、发展利益。习近平总书记指出："运用法治手段开展国际斗争。党的十八大以来，我们统筹推进国内法治和涉外法治，运用法治方式维护国家和人民利益能力明显提升。要坚持统筹推进国内法治和涉外法治，按照急用先行原则，加强涉外领域立法，进一步完善反制裁、反干涉、反制'长臂管辖'法律法规，推动我国法域外适用的法律体系建设。要把拓展执法司法合作纳入双边多边关系建设的重要议题，延伸保护我国海外利益的安全链。要加强涉外法治人才建设。"为此，要主动参与并努力引领国际规则制定，对不公正不合理、不符合国际格局演变大势的国际规则、国际机制提出中国的改革方案，推动形成公正、合理、透明的国际规则体系，提高我国在全球治理体系变革中的话语权和影响力。

四、为构建人类命运共同体提供法治保障

党的十八大以来，习近平总书记着眼中国人民和世界人民的共同利益，高瞻远瞩地提出构建人类命运共同体重要理念。这一重要理念已被列为新时代坚持和发展中国特色社会主义的基本方略写入党章和宪法，还被多次写入联合国文件，并正在从理念转化为行动，产生日益广泛而深远的国际影响，成为中国引领时代潮流和人类文明进步方向的鲜明旗帜。构建人类命运共同体，需要有与其内含意旨相符合、反映当今时代特色、体系结构合理和谐的调整国际社会关系的法律规则。必须坚持民主、平等、正义，建设国际法治。不断实现国际法治内容和路径变革，在国际社会确立良法和推行善治，有助于推动人类命运共同体从理想变为现实。

中国是联合国创始会员国，是第一个在联合国宪章上签字的国家。我们要坚定维护以联合国为核心的国际体系，坚定维护以国际法为基础的国际秩序，为运用法治思维和法治方式推动构建人类命运共同体贡献中国智慧和中国方案。联合国宪章宗旨和原则是处理国际关系的根本遵循，也是国际秩序稳定的重要基石，必须毫不动摇加以维护。我们要坚定维护联合国权威和地位，坚定维护联合国在国际事务中的核心作用。要继续做国际和平事业的捍卫者，坚持按照联合国宪章宗旨、原则和国际关系准则，按照事情本身的是非曲直处理问题，释放正能量，推动建设相互尊重、公平正义、合作共赢的新型国际关系。积极参与国际规则制定，做全球治理变革进程的参与者、推动者、引领者。提高国际法在全球治理中的地位和作用，确保国际规则有效遵守和实施。

第十节　坚持建设德才兼备的高素质法治工作队伍
——全面依法治国的基础性保障

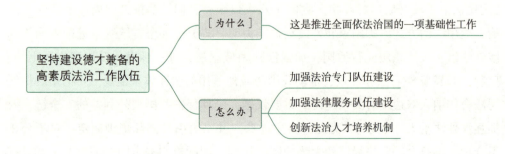

一、建设德才兼备的高素质法治工作队伍是推进全面依法治国的一项基础性工作

全面推进依法治国，必须建设一支德才兼备的高素质法治工作队伍。习近平总书记指出："研究谋划新时代法治人才培养和法治队伍建设长远规划［时间］，创新法治人才培养机制［制度］，推动东中西部法治工作队伍均衡布局［空间］，提高法治工作队伍思想政治素质、业务工作能力、职业道德水准［三素质］，着力建设一支忠于党、忠于国家、忠于人民、忠于法律的社会主义法治工作队伍［四忠于］，为加快建设社会主义法治国家提供组织和人才保障［一保障］。"

要坚持把法治工作队伍建设作为全面依法治国的基础性工作，大力推进法治专门队伍革命化、正规化、专业化、职业化，培养造就一大批高素质法治人才及后备力量。［四化］

二、加强法治专门队伍建设

法治工作是政治性很强的业务工作，也是业务性很强的政治工作。

全面推进依法治国，首先必须把法治专门队伍建设好。

1. 要坚持把政治标准放在首位，加强科学理论武装，坚持用习近平新时代中国特色社会主义思想特别是习近平法治思想武装头脑，深入开展理想信念教育，深入开展社会主义核心价值观教育，不断打牢高举旗帜、听党指挥、忠诚使命的思想基础，永葆忠于党、忠于国家、忠于人民、忠于法律的政治本色。

2. 要把强化公正廉洁的职业道德作为必修课，自觉用法律职业伦理约束自己，信仰法治、坚守法治，培育职业良知，坚持严格执法、公正司法，树立惩恶扬善、执法如山的浩然正气，杜绝办"金钱案""权力案""人情案"。

3. 加强立法工作队伍建设。［立法］

4. 健全法官、检察官员额管理制度，规范遴选标准、程序。［司法队伍］

5. 加强执法司法辅助人员队伍建设。［辅助人员］

6. 加强边疆地区、民族地区和基层法治专门队伍建设。［重点：特殊地区均衡布局］

7. 完善法律职业准入、资格管理制度。［法考］

8. 完善从符合条件的律师、法学专家中招录立法工作者、法官、检察官、行政复议人员制度。［招录］

9. 建立健全符合职业特点的法治工作人员管理制度。［人员管理］

10. 建立法律职业人员统一职前培训制度和在职法官、检察官、警官、律师同

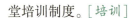

堂培训制度。[培训]

11. 建立健全立法、执法、司法部门干部和人才常态化交流机制，加大法治专门队伍与其他部门具备条件的干部和人才交流力度。[人才交流]

12. 完善职业保障体系。健全执法司法人员依法履职免责、履行职务受侵害保障救济、不实举报澄清等制度。[保障]

三、加强法律服务队伍建设

法律服务队伍是全面依法治国的重要力量。[定位]

1. [讲政治] 要加强法律服务队伍建设，把拥护中国共产党领导、拥护社会主义法治作为法律服务人员从业的基本要求，加强对法律服务队伍的教育管理，引导法律服务工作者坚持正确政治方向。

2. [讲道德] 依法依规诚信执业，认真履行社会责任，满腔热忱投入社会主义法治国家建设。

3. [主体：律师] 要充分发挥律师在全面依法治国中的重要作用，加强律师队伍思想政治建设，完善律师执业保障机制，增强广大律师走中国特色社会主义法治道路的自觉性和坚定性，建设一支拥护党的领导、拥护社会主义法治的高素质律师队伍。

4. [主体：法律顾问] 要落实党政机关、人民团体、国有企事业单位普遍建立法律顾问制度和公职律师、公司律师制度，健全相关工作规则，理顺管理体制机制，重视发挥法律顾问和公职律师、公司律师作用。

5. [主体：其他] 要加强公证员、基层法律服务工作者、人民调解员队伍建设，推动法律服务志愿者队伍建设。

6. [管理：人才交流] 建立激励法律服务人才跨区域流动机制。

7. [特殊地区：均衡布局] 逐步解决基层和欠发达地区法律服务资源不足和人才匮乏问题。

四、创新法治人才培养机制

[总论] 全面推进依法治国是一项长期而重大的历史任务，必须坚持以习近平法治思想为指导，立德树人，德法兼修，培养大批高素质法治人才。

1. [阵地：高校] 高校作为法治人才培养的第一阵地，要充分利用学科齐全、人才密集的优势，加强法治及其相关领域基础性问题的研究，对复杂现实进行深入分析、作出科学总结，提炼规律性认识，为完善中国特色社会主义法治体系、建设社会主义法治国家提供理论支撑。

2. [法学学科：教啥1] 大力加强法学学科体系建设，认真总结法学教育和法治人才培养经验和优势，深入研究和解决好为谁教、教什么、教给谁、怎样教的问题，探索建立适应新时代全面依法治国伟大实践需要的法治人才培养机制。

3. ［实践教学：教啥 2］要强化法学教育实践环节，处理好法学知识和法治实践教学的关系，将立法执法司法实务工作部门的优质法治实践资源引进高校课堂，加强法学教育、法学研究工作者和法治实务工作者之间的交流。

4. ［学习外国：教啥 3］坚持以我为主、兼收并蓄、突出特色，积极吸收借鉴世界上的优秀法治文明成果，有甄别、有选择地吸收和转化，不能囫囵吞枣、照搬照抄，努力以中国智慧、中国实践为世界法治文明建设作出贡献。

第十一节　坚持抓住领导干部这个“关键少数”
——全面依法治国的关键所在

一、领导干部是全面依法治国的重要组织者、推动者、实践者

领导机关是国家治理体系中的重要机关，领导干部是党和国家事业发展的“关键少数”，对全党全社会都具有风向标作用。习近平总书记强调：“各级领导干部在推进依法治国方面肩负着重要责任，全面依法治国必须抓住领导干部这个‘关键少数’。各级领导干部具体行使党的执政权和国家立法权、行政权、监察权、司法权，在很大程度上决定着全面依法治国的方向、道路、进度。”

党领导立法、保证执法、支持司法、带头守法，主要是通过各级领导干部的具体行动和工作来体现、来实现。各级党组织和党员领导干部要带头厉行法治，不断提高依法执政能力和水平，不断推进各项治国理政活动的制度化、法律化。

改革开放以来，特别是党的十五大提出依法治国、建设社会主义法治国家以来，我国社会主义法治建设取得了重大成就，各级领导干部在推进依法治国进程中发挥了重要作用。同时，在现实生活中，一些领导干部法治意识比较淡薄，不尊崇宪法、不敬畏法律、不信仰法治；有的出于个人利益，打招呼、批条子、递材料，或者以其他明示、暗示方式插手干预执法司法个案；有的认为依法办事条条框框多、束缚手脚，凡事都要自己说了算，以言代法、以权压法；等等。这些问题影响了党和国家的形象和威信，损害了政治、经济、文化、社会、生态文明领域的正常秩序，干扰了党和国家制度体系运行，冲击了人民群众对法治的信心，给推进全面依法治国造成了很多问题。

事实证明，领导干部对法治建设既可以起到关键推动作用，也可能起到致命破坏作用。如果我们的领导干部不能尊法学法守法用法，不要说推进全面依法治国，

不要说实现"两个一百年"奋斗目标、实现中华民族伟大复兴的中国梦，就连我们党的领导、我国社会主义制度都可能受到严重冲击和损害。所有领导干部都要警醒起来、行动起来，坚决纠正和解决法治不彰问题。如果在抓法治建设上喊口号、练虚功、摆花架，只是叶公好龙，并不真抓实干，短时间内可能看不出什么大的危害，一旦问题到了积重难返的地步，后果就是灾难性的。

全党同志特别是高级干部必须坚持依法治国、依法执政、依法行政，任何人都不得违背党中央的大政方针、自行其是，任何人都不得把党的政治纪律和政治规矩当儿戏、胡作非为，任何人都不得凌驾于国家法律之上、徇私枉法，任何人都不得把司法权力作为私器牟取私利、满足私欲。党纪国法的红线不能逾越。

二、领导干部要做尊法学法守法用法的模范

领导干部做尊法学法守法用法的模范，是实现全面依法治国目标和任务的关键所在。各级领导干部要自觉增强法治意识，带头尊法学法守法用法，带动全党全国一起努力，在建设中国特色社会主义法治体系、建设社会主义法治国家上不断见到新成效。

习近平总书记指出："领导干部心中无法、以言代法、以权压法是法治建设的大敌。"领导干部尊不尊法、学不学法、守不守法、用不用法，人民群众看在眼里、记在心上，并且会在自己的行动中效法。正所谓"其身正，不令而行；其身不正，虽令不从"，领导干部尊法学法守法用法，老百姓就会去尊法学法守法用法；领导干部装腔作势、装模作样，当面一套、背后一套，老百姓就不可能信你那一套。

领导干部要做尊法的模范，带头尊崇法治、敬畏法律。习近平总书记强调，要把尊法放在第一位，因为领导干部增强法治意识、提高法治素养，首先要解决好尊法问题。尊崇法治、敬畏法律，是领导干部必须具备的基本素质。只有内心尊崇法治，才能行为遵守法律。每个领导干部都要牢固树立宪法法律至上、法律面前人人平等、权由法定、权依法使等基本法治观念，彻底摒弃人治思想和长官意识，决不搞以言代法、以权压法。对各种危害法治、破坏法治、践踏法治的行为，领导干部要挺身而出、坚决斗争。

对领导干部的法治素养，从其踏入干部队伍的那一天起就要开始抓，教育引导他们把法治的第一粒扣子扣好。一个干部能力有高低，但在遵纪守法上必须过硬，这个不能有差别。一个人纵有天大的本事，如果没有很强的法治意识、不守规矩，也不能当领导干部，这个关首先要把住。一方面，要加强教育、培养自觉，促使领导干部不断增强法治意识，养成法治习惯。另一方面，要加强管理、强化监督，设置领导干部法治素养"门槛"，发现问题就严肃处理，不合格的就要从领导干部队

伍中剔除出去。决不能让那些法治意识不强、无法无天的人一步步升上来，这种人官当得越大，对党和国家危害就越大。

领导干部要做学法的模范，带头了解法律、掌握法律。学法懂法是守法用法的前提。在那些违法乱纪、胡作非为的领导干部中，相当多的人是长期不学法、不懂法。许多腐败分子在其忏悔录中都谈到，不知法是自己走向腐败深渊的一个重要原因。各级领导干部或多或少都学过一些法律知识，但同全面依法治国的要求相比，还很不够，必须加强学习，打牢依法办事的理论基础和知识基础。

要系统学习中国特色社会主义法治理论，准确把握我们党处理法治问题的基本立场。首要的是学习宪法，还要学习同自己所担负的领导工作密切相关的法律法规。各级领导干部要把学习党章作为必修课，走上新的领导岗位的同志要把学习党章作为第一课，带头遵守党章各项规定。各级党委要重视法治培训，完善学法制度，党校（行政学院）、干部学院等都要加强对领导干部法律知识的教育。

各级领导干部尤其要弄明白法律规定怎么用权，什么事能干、什么事不能干，而不能当"法盲"。很多事情党纪国法都有明确规定，平时认真学一学、看一看，做事情前认真查一查、看一看，心中高悬法律的明镜，手中紧握法律的戒尺，知晓为官做事的尺度，就可以避免犯错误、走邪路。法律是行使权力的依据，只有把这个依据掌握住了，才能正确开展工作。如果一味跟着感觉走，难免偏离法治轨道。

领导干部要做守法的模范，带头遵纪守法、捍卫法治。领导干部要牢记法律红线不可逾越、法律底线不可触碰，带头遵守法律、执行法律，带头营造办事依法、遇事找法、解决问题用法、化解矛盾靠法的法治环境。谋划工作要运用法治思维，处理问题要运用法治方式，说话做事要先考虑一下是不是合法，把握不准的就要去查一查党纪国法是怎样规定的，还可以请法律专家、法律顾问帮助把把关。各级领导干部特别是高级干部要从自身做起，给下级带好头，做遵纪守法的模范。

党纪国法不能成为"橡皮泥""稻草人"，无论是因为"法盲"导致违纪违法，还是故意违规违法，都要受到追究，否则就会形成"破窗效应"。明代冯梦龙在《警世通言》中说："人心似铁，官法如炉。"意思是任人心中冷酷如铁，终扛不住法律的熔炉。法治之下，任何人都不能心存侥幸，都不能指望法外施恩，没有免罪的"丹书铁券"，也没有"铁帽子王"。

领导干部要做用法的模范，带头厉行法治、依法办事。领导干部要把对法治的尊崇、对法律的敬畏转化成思维方式和行为方式，做到在法治之下、而不是法治之外、更不是法治之上想问题、作决策、办事情。

现在，广大干部群众的民主意识、法治意识、权利意识普遍增强，全社会对公平正义的渴望比以往任何时候都更加强烈，如果领导干部仍然习惯于人治思维、迷恋于以权代法，那十个有十个要栽大跟头。各级领导干部要把依法办事理念根植于头脑中，自觉用法律厘清权力边界，用法律约束权力行使，确保严格按照法定权限和程序行使权力，坚持用法治保护人民群众的合法权益，不断提高依法履职的能力和水平。

领导干部做尊法学法守法用法的模范，要靠自觉，也要靠制度保证。我们党就此提出了一系列制度安排，包括建立法律顾问制度，设立公职律师，完善党政部门依法决策机制，建立行政机关内部重大决策合法性审查机制，建立重大决策终身责任追究制度及责任倒查机制，建立领导干部干预司法活动、插手具体案件处理的记录、通报和责任追究制度，建立法治建设成效考核制度等。必须抓紧建立健全、严格遵循执行这些制度，使这些制度成为硬约束。

三、领导干部要提高运用法治思维和法治方式的能力

领导干部是否具有运用法治思维和法治方式的能力，直接决定着推进全面依法治国的成效，也直接决定着法治能否成为治国理政的基本方式。习近平总书记强调："各级党组织和党员、干部要强化依法治国、依法执政观念，提高运用法治思维和法治方式深化改革、推动发展、化解矛盾、维护稳定、应对风险的能力。"

当前，一些领导干部还不善于运用法治思维和法治方式推进工作，一些地方和部门还习惯于仅靠行政命令等方式来进行管理，习惯于用超越法律法规的手段和政策来推动发展，习惯于采取陈旧的计划手段、强制手段完成任务，这些做法必须加以改变。

各级领导干部应当主动适应新时代全面依法治国工作要求，不断提高运用法治思维和法治方式的能力，这是在全面建设社会主义现代化国家新征程上必须具备的素质本领。

要守法律、重程序，这是法治的第一位要求。要严格在宪法法律范围内活动，严格依照法定权限和程序行使权力，作决策、开展工作多想一想法律的依据、法定的程序、违法的后果，自觉当依法治国的推动者、守护者。

要牢记职权法定，明白权力来自哪里、界线划在哪里，做到法定职责必须为、法无授权不可为。各级党政组织、各级领导干部手中的权力是党和人民赋予的，是上下左右有界受控的，不是可以为所欲为、随心所欲的。要把厉行法治作为治本之策，把权力运行的规矩立起来、讲起来、守起来，真正做到谁把法律当儿戏，谁就必然要受到法律的惩罚。

要保护人民权益，这是法治的根本目的。要自觉把保护人民权益作为各项工作的根本出发点和落脚点，从实体、程序、时效上充分体现依法保护人民权益的要求，

使法律及其实施有效体现人民意志、保障人民权益、激发人民创造力。

要受监督，这既是对领导干部行使权力的监督，也是对领导干部正确行使权力的制度保护。不想接受监督的人，不能自觉接受监督的人，觉得接受党和人民监督很不舒服的人，就不具备当领导干部的起码素质。各级领导干部都要牢记，任何人都没有法律之外的绝对权力，任何人行使权力都必须为人民服务、对人民负责并自觉接受人民监督。

把能不能依法办事、遵守法律作为考查识别干部的重要条件。用人导向最重要、最根本、也最管用。我们党选拔任用干部的标准就是德才兼备，而法治观念、法治素养是干部德才的重要内容。在相同条件下，要优先提拔使用法治素养好、依法办事能力强的干部。如果我们不是把严守党纪、严守国法的干部用起来，而是把目无法纪、胆大妄为、飞扬跋扈的干部用起来，那就必然会造成"劣币驱逐良币"现象。要把法治素养和依法履职情况纳入考核评价干部的重要内容，让尊法学法守法用法成为领导干部自觉行为和必备素质。对特权思想严重、法治观念淡薄的干部要批评教育，不改正的要调离领导岗位。

四、党政主要负责人要履行推进法治建设第一责任人职责

党政主要负责人要履行推进法治建设第一责任人职责，这是推进法治建设的重要组织保证。习近平总书记指出："各级领导干部要把责任担起来，不搞花架子、做表面文章，不能一年开一两次会、讲一两次话了事。党政主要负责人要亲力亲为，不能当甩手掌柜。"各级党政主要负责人要对法治建设重要工作亲自部署、重大问题亲自过问、重点环节亲自协调、重要任务亲自督办。

党政主要负责人要切实履行推进法治建设第一责任人职责，加强和改进对法治建设的领导。要坚持权责一致，确保有权必有责、有责要担当、失责必追究；坚持以身作则、以上率下，带头尊法学法守法用法。统筹推进科学立法、严格执法、公正司法、全民守法工作，每年都确定重点任务，明确完成时间，做到年初有分工、年中有督察、年末有考核，全年有台账。

党委主要负责人在推进法治建设中应当充分发挥党委在推进本地区法治建设中的领导核心作用，定期听取有关工作汇报，及时研究解决有关重大问题，将法治建设纳入地区发展总体规划和年度工作计划，与经济社会发展同部署、同推进、同督促、同考核、同奖惩。政府主要负责人在推进法治建设中应当加强对本地区法治政府建设的组织领导，制定工作规划和年度工作计划，及时研究解决法治政府建设有关重大问题，为推进法治建设提供保障、创造条件。

要完善党政主要负责人履行推进法治建设第一责任人职责的约束机制。党政主

要负责人应当将履行推进法治建设第一责任人职责情况列入年终述职内容，上级党委应当对下级党政主要负责人履行推进法治建设第一责任人职责情况开展定期检查、专项督查。上级党委应当将下级党政主要负责人履行推进法治建设第一责任人职责情况纳入政绩考核指标体系，作为考查使用干部、推进干部能上能下的重要依据。对不认真履行第一责任人职责的党政主要负责人，上级党委要及时告诫和约谈，严肃批评。对一个地方、一个部门接二连三发生重大违法案件、造成严重社会后果的，必须严肃问责、依法追究。党政主要负责人不履行或者不正确履行推进法治建设第一责任人职责的，应当依照《中国共产党问责条例》等有关党内法规和国家法律法规予以问责。

第十二节　发挥法治在经济社会发展中的作用

一、以法治保障经济发展

1. ［一般论述：经济需要法治］

厉行法治是发展社会主义市场经济的内在要求，也是社会主义市场经济良性运行的根本保障。

2. ［实践：新时代的做法］

中国特色社会主义进入新时代［背景］，党和国家通过完善市场经济法律体系［立法］，深化"放管服"改革［执法］，加强产权保护［重点：执法+司法］，保障公平竞争，鼓励诚实守信，营造公正、透明、可预期的法治环境，有力保障和促进了经济持续健康发展［效果］。

3. ［理论：习近平］

习近平总书记在中央全面依法治国委员会第一次会议上指出："贯彻新发展理念［发展理念］，实现经济从高速增长转向高质量发展［发展模式］，必须坚持以法治为引领。"

习近平总书记在中央全面依法治国委员会第二次会议上强调："法治是最好的营商环境。"［发展环境］

这一系列重要论述，将优化营商环境建设、促进经济高质量发展全面纳入法治化轨道［总结］，把依法平等保护各类市场主体产权和合法权益贯彻到立法、执法、司法、守法等各个环节［平等是原则］，对于构建统一开放、竞争有序的现代市场体系［统一、开放、有序、竞争］，推进国家治理体系和治理能力现代化［国家治理］，必将产生更加重大而深远影响。

4.［未来：继续发展］

［措施 1：党的领导］要加强党领导经济工作制度化建设，提高党领导经济工作法治化水平，以法治化方式领导和管理经济。

［措施 2：完善立法］要不断完善社会主义市场经济法律制度，加快建立和完善现代产权制度，推进产权保护法治化，加大知识产权保护力度。

［措施 3：执法+司法=平等的营商环境］要积极营造公平有序的经济发展的法治环境，依法平等保护各类市场主体合法权益，营造各种所有制主体依法平等使用资源要素、公开公平公正参与竞争、同等受到法律保护的市场环境。

［措施 4：《民法典》的实施］要切实贯彻实施好《民法典》，更好保障人民权益，推进全面依法治国、建设社会主义法治国家。

二、以法治保障政治稳定

1.［一般论述］

保障政治安全、政治稳定是法律的重要功能。

2.［十八大以来的实践］

党的十八大以来，党和国家通过修改宪法［措施］，依法保障人民当家作主，依法维护国家政治安全，党心民心进一步提振和凝聚，党的领导地位和人民民主专政政权更加稳固［效果］。

3.［理论论述］

习近平总书记指出："国际国内环境越是复杂［国际：外部环境］，改革开放和社会主义现代化建设任务越是繁重［国内：内部环境］，越要运用法治思维和法治手段巩固执政地位、改善执政方式、提高执政能力，保证党和国家长治久安。"

4.［未来发展：措施］

在我国政治生活中，党是居于领导地位的，加强党的集中统一领导［党要领导］，支持人大、政府、政协和监察机关、法院、检察院依法依章程履行职能、开展工作、发挥作用［支持其他］，这两方面是统一的。推进全面依法治国，必须要加强和改善党的领导，健全党领导全面依法治国的制度和工作机制，推进党的领导制度化、法治化，通过法治保障党的路线方针政策有效实施，以法治方式巩固党的执政地位，以党的领导维护和促进政治稳定与国家长治久安。［改善领导］

三、以法治保障文化繁荣

1.［一般论述］

文化是民族血脉和人民的精神家园，是一个国家的灵魂。

2. ［实践：十八大以来］

党的十八大以来，紧紧围绕建立健全坚持社会主义先进文化前进方向［方向］、遵循文化发展规律［规律］、有利于激发文化创造力［有活力］、保障人民基本文化权益［有人民］的文化法律制度［围绕目标］，深化文化体制改革［改革体制］，依法保障社会主义文化事业建设［建设事业］，促进社会主义文化大发展、大繁荣［效果］。

3. ［具体：重点］

全国人大常委会决定设立烈士纪念日、中国人民抗日战争胜利纪念日、南京大屠杀死难者国家公祭日，大力弘扬以爱国主义为核心的伟大民族精神。［爱国主义］

4. ［未来发展］

（1）［面对的问题］

当前，我国文化建设进入一个新的发展阶段［新阶段］，文化事业日益繁荣［事业］，文化产业快速发展［产业］，特别是互联网新技术新应用日新月异［技术］，由此带来的相关法律问题日益突出［法律问题很突出］。

（2）［采取的措施］

［立法］要坚持用社会主义核心价值观引领文化立法，完善社会主义先进文化的法治保障机制，依法规范和保障社会主义先进文化发展方向，进一步完善中国特色社会主义文化法律制度体系。

［实施］要深入推进社会主义文化强国建设，加快公共文化服务体系建设，运用法治方式保障人民文化权益，满足人民群众的基本文化需求。

［重点：网络法治］要坚持依法治网、依法办网、依法上网，加快网络法治建设，加强互联网领域立法，完善网络信息服务、网络安全保护、网络社会管理等方面的法律法规，依法规范网络行为，促进互联网健康有序发展。

四、以法治保障社会和谐

1. ［一般论述］

社会和谐稳定是人民群众的共同心愿［主观］，是改革发展的重要前提［客观］。

随着改革开放和社会主义现代化建设不断推进，我国经济社会发生深刻变化，民生和社会治理领域出现一些新情况、新问题。［新时代、新问题］

妥善处理好这些矛盾和问题，处理好各方面利益关系，充分调动各方面积极性，从根本上还是要靠法律、靠制度。［解决问题靠法律］

2. ［理论论述］

习近平总书记指出："全面推进依法治国，是解决党和国家事业发展面临的一系列重大问题，解放和增强社会活力 ［社会活力］、促进社会公平正义 ［社会正义］、维护社会和谐稳定 ［社会和谐］、确保党和国家长治久安 ［社会安定］ 的根本要求。"

3. ［未来发展：措施］

（1）［民生］要充分发挥法治作为保障和改善民生制度基石的作用，加强民生法治保障，破解民生难题，着力保障和改善民生；

（2）［社建］要更加注重社会建设，推进社会体制改革，扩大公共服务，完善社会管理，促进社会公平正义，满足人民日益增长的美好生活需要；

（3）［治理］要坚持和完善共建共治共享的社会治理制度，完善党委领导、政府负责、社会协同、公众参与、法治保障的社会治理体制，畅通公众参与重大公共决策的渠道，切实保障公民、法人和其他组织合法权益；

（4）［安全］要贯彻落实总体国家安全观，加快国家安全法治建设，提高运用法治手段维护国家安全的能力；

（5）［卫健］切实做好新冠肺炎疫情依法防控工作，抓紧构建系统完备、科学规范、运行有效的疫情防控和公共卫生法律体系，依法保障人民群众生命健康安全。

五、以法治保障生态良好

1. ［一般论述］

生态环境是关系党的使命宗旨的重大政治问题 ［党］，也是关系民生的重大社会问题 ［民］。

2. ［实践：十八大以来］

（1）党的十八大描绘了生态文明建设的宏伟蓝图，勾勒出"美丽中国"的美好愿景；

（2）党的十八届三中全会提出要建设生态文明，必须建立系统完整的生态文明制度体系；

（3）党的十八届四中全会要求用严格的法律制度保护生态环境，强化绿色发展的法律和政策保障。

3. ［理论论述］

习近平总书记在主持十九届中央政治局第六次集体学习时指出："只有实行最严格的制度、最严密的法治，才能为生态文明建设提供可靠保障。""保护生态环境必须依靠制度、依靠法治。"

4. ［存在的问题］

我国生态环境保护中存在的突出问题大多同体制不健全、制度不严格、法治不严密、执行不到位、惩处不得力有关。

5. ［解决问题：措施］

（1）［立法］要加快制度创新，增加制度供给，完善制度配套，强化制度执行，让制度成为刚性的约束和不可触碰的高压线。

（2）［执法司法：严格］生态文明建设必须要纳入法治的轨道，以最严格的制度、最严密的法治，对生态环境予以最严格的保护，对破坏生态环境的行为予以最严厉的制裁，才能遏制住生态环境持续恶化的趋势，保障生态文明建设的持续健康发展。

要加大生态环境保护执法司法力度，大幅度提高破坏环境违法犯罪的成本，强化各类环境保护责任主体的法律责任，强化绿色发展法律和政策保障，用严格的法律制度保护生态环境。

（3）［重点］要建立健全自然资源产权法律制度，完善国土空间开发保护法律制度，完善生态环境保护管理法律制度，加快构建有效约束开发行为和促进绿色发展、循环发展、低碳发展的生态文明法治体系。

图书在版编目（ＣＩＰ）数据

理论法主观题宝典/白斌编著. —北京：中国政法大学出版社，2023.7
ISBN 978-7-5764-0990-1

Ⅰ.①理… Ⅱ.①白… Ⅲ.①法的理论－中国－资格考试－自学参考资料 Ⅳ.①D920.0

中国国家版本馆 CIP 数据核字(2023)第 128854 号

出　版　者	中国政法大学出版社
地　　　址	北京市海淀区西土城路 25 号
邮寄地址	北京 100088 信箱 8034 分箱　邮编 100088
网　　　址	http://www.cuplpress.com (网络实名：中国政法大学出版社)
电　　　话	010-58908285(总编室) 58908433 （编辑部） 58908334(邮购部)
承　　　印	三河市华润印刷有限公司
开　　　本	787mm×1092mm　1/16
印　　　张	7
字　　　数	170 千字
版　　　次	2023 年 7 月第 1 版
印　　　次	2023 年 7 月第 1 次印刷
定　　　价	49.00 元

厚大法考（北京）2023年客观题面授教学计划

班次名称		授课时间	标准学费（元）	阶段优惠(元)	备注
				7.10 前	
暑期系列	暑期主客一体班	7.10~主观题（主客一体）	13800	主客一体，无优惠。2023年客观题成绩合格，凭成绩单上主观题短训班；客观题未通过，免费读2024年暑期全程班B班。	本班次配套图书及随堂内部讲义
	暑期全程班A班	7.10~主观题（主客一体）	18800	主客一体，协议保障。2023年客观题成绩合格，凭成绩单上主观题短训班；客观题未通过，退12000元。座位指定区域、督促辅导、定期抽背纠偏、心理疏导。	
	暑期全程班B班	7.10~8.31	13800	8880	
冲刺系列	点睛冲刺班	8.22~8.31	6680	3380	

其他优惠：

1. 多人报名可在优惠价格基础上再享团报优惠：3人（含）以上报名，每人优惠200元；5人（含）以上报名，每人优惠300元；8人（含）以上报名，每人优惠500元。
2. 厚大面授老学员报名高端系列班次（协议班次除外），可享受1000元优惠；报名暑期系列和周末系列（协议班次除外），可享受500元优惠。

厚大法考（北京）2023年二战主观题教学计划

班次名称	授课时间	标准学费（元）	授课方式	阶段优惠(元)		配套资料
				7.10 前	8.10 前	
主观旗舰A班	6.6~10.10	56800	网授+面授	2022年主观题分数≥90分的学员，2023年未通过，全额退费；≤89分的学员，2023年未通过，退46800元。		本班配套图书及内部讲义
主观旗舰B班	6.6~10.10	36800	网授+面授	已开课		
主观集训A班	7.15~10.10	46800	面授	2022年主观题分数≥90分的学员，2023年未通过，全额退费；≤89分的学员，2023年未通过，退36800元。		
主观集训B班	7.15~10.10	26800	面授	18800	19800	
主观特训A班	8.15~10.10	36800	面授	2022年主观题分数≥90分的学员，2023年未通过，全额退费；≤89分的学员，2023年未通过，退26800元。		
主观特训B班	8.15~10.10	19800	面授	14800	15800	

其他优惠：

1. 3人（含）以上团报，每人优惠300元；5人（含）以上团报，每人优惠500元。
2. 厚大老学员在阶段优惠基础上再优惠500元，不再适用团报政策。
3. 协议班次无优惠，不适用以上政策。

【总部及北京分校】北京市海淀区花园东路15号旷怡大厦10层　　电话咨询：4009-900-600-转1-再转1

二战主观面授咨询

厚大法考服务号

厚大法考(上海)2023年主观题面授教学计划

班次名称		授课时间	标准学费(元)	阶段优惠(元) 7.10前	阶段优惠(元) 8.10前	备注
至尊系列	九五至尊班	5.22~10.12	199000(专属自习室)	①协议班次无优惠,订立合同;②2023年主观题考试过关,奖励30000元;③2023年主观题考试未过关,全额退还学费,再返30000元;④资深专业讲师博导式一对一辅导。		本班配套图书及内部资料
			99000(专属自习室)	①协议班次无优惠,订立合同;②2023年主观题考试未过关,全额退还学费;③资深专业讲师博导式一对一辅导。		
	主观尊享班		45800(专属自习室)	已开课		
	主观至尊班	6.25~10.12	39800(专属自习室)	40000	已开课	
大成系列	主观长训班	6.25~10.12	32800	28800	已开课	
	主观集训VIP班	7.20~10.12	25800	①专属辅导,一对一批阅;②赠送专属自习室。		
	主观集训班A模式			21800	23800	
	主观集训班B模式			①协议班次无优惠,订立合同;②2023年主观题考试未过关,退15800元。		
	主观特训班	8.20~10.12	22800	18800	19800	
	主观高效提分VIP班	9.3~10.12	18800	①专属辅导,一对一批阅;②赠送专属自习室。		
	主观高效提分班A模式			16800	17800	
	主观高效提分班B模式			①协议班次无优惠,订立合同;②2023年主观题考试未过关,退10000元。		
冲刺系列	主观短训班	9.20~10.12	13800	9800	10800	
	主观短训VIP班			①专属辅导,一对一批阅;②赠送专属自习室。		
	主观决胜班	9.25~10.12	12800	7800	8800	
	主观决胜VIP班			①专属辅导,一对一批阅;②赠送专属自习室。		
	主观点睛冲刺班	10.5~10.12	6800	4580	4980	

其他优惠:

1. 多人报名可在优惠价格基础上再享团报优惠:3人(含)以上报名,每人优惠200元;5人(含)以上报名,每人优惠300元;8人(含)以上报名,每人优惠500元。
2. 厚大面授老学员报名再享9折优惠。

PS:课程时间将根据2023年司法部公布的考试时间作相应调整。

【松江教学基地】上海市松江大学城文汇路1128弄双创集聚区3楼301室　咨询热线:021-67663517

【市区办公室】上海市静安区汉中路158号汉中广场1204室　咨询热线:021-60730859

厚大法考APP

厚大法考官博

上海厚大法考官博

上海厚大法考官微

厚大法考(成都)2023年主观题面授教学计划

班次名称		授课时间	标准学费(元)	授课方式	阶段优惠(元)			配套资料
					7.10前	8.10前	9.10前	
大成系列(全日制脱产)	主观集训A班	7.8~10.7	25800	直播+面授	16800	已开课		二战主观题资料包(考点清单、沙盘推演、万能金句电子版)+随堂内部讲义
	主观集训B班	7.8~10.7	25800	直播+面授	签订协议,无优惠。2023年主观题未通过,退20000元。专属辅导,一对一批阅。			
	主观特训A班	8.10~10.7	22800	直播+面授	13800	14800	已开课	
	主观特训B班	8.10~10.7	22800	直播+面授	签订协议,无优惠。2023年主观题未通过,退17000元。专属辅导,一对一批阅。			
冲刺系列(全日制脱产)	主观短训A班	9.18~10.7	16800	直播+面授	9080	9380	9580	沙盘推演+万能金句电子版+随堂内部讲义
	主观短训B班	9.18~10.7	16800	直播+面授	签订协议,无优惠。2023年主观题未通过,退15800元。专属辅导,一对一批阅。			
	主观衔接班	9.25~10.7	12800	直播+面授	8080	8580		随堂内部讲义
	主观密训营	10.1~10.7	11800	面授	5080	5580		
周末系列(周末在职)	主观周末全程班	4.3~10.7	20800	直播+面授	11800	12800	13800	二战主观题资料包(考点清单、沙盘推演、万能金句电子版)+随堂内部讲义
	主观周末特训班	8.5~10.7	16800	直播+面授	9080	9380	9580	

其他优惠:

1. 多人报名可在优惠价格基础上再享团报优惠:3人(含)以上报名,每人优惠200元;5人(含)以上报名,每人优惠300元;8人(含)以上报名,每人优惠400元。

2. 厚大老学员(直属面授)报名再享9折优惠,厚大老学员(非直属面授)报名优惠200元。

3. 公检法司所工作人员凭工作证报名优惠500元。

【成都分校】四川省成都市成华区锦绣大道5547号梦魔方广场1栋1318室　　咨询热线:028-83533213

厚大法考APP　　　　　　厚大法考官博　　　　　　成都厚大法考官微